乡村振兴系列丛书·生态宜居

休闲农业和乡村旅游政策解读

XIUXIAN NONGYE HE XIANGCUN LVYOU ZHENGCE JIEDU

马俊哲　耿红莉　编著

中国农业出版社
北　京

图书在版编目（CIP）数据

休闲农业和乡村旅游政策解读 / 马俊哲，耿红莉编著. —北京：中国农业出版社，2019.1
（乡村振兴系列丛书）
ISBN 978-7-109-24851-9

Ⅰ.①休… Ⅱ.①马… ②耿… Ⅲ.①观光农业-研究-中国②乡村旅游-方针政策-研究-中国 Ⅳ.①F592.3

中国版本图书馆 CIP 数据核字（2018）第 250562 号

中国农业出版社出版
（北京市朝阳区麦子店街 18 号楼）
（邮政编码 100125）
责任编辑 刘 伟 杨晓改

北京通州皇家印刷厂印刷 新华书店北京发行所发行
2019 年 1 月第 1 版 2019 年 1 月北京第 1 次印刷

开本：880mm×1230mm 1/32 印张：6.75
字数：180 千字
定价：29.80 元

FOREWORD 前言

休闲农业和乡村旅游是农业、旅游、文化“三位一体”，生产、生活、生态同步改善，农村一二三产业深度融合的新产业新业态新模式。中共十八大以来，休闲农业和乡村旅游呈现持续较快增长态势，为农业农村经济发展和农民就业增收发挥着越来越重要的作用。实践证明，发展休闲农业和乡村旅游，有利于调优农产品品质、促进一二三产业融合、挖掘农业的休闲体验功能、增强农业的供给活力。这是促进城乡一体化发展的迫切需要。发展休闲农业和乡村旅游，有利于统筹城乡的要素资源，促进城乡规划一体、设施一体、服务一体，补农村短板、扬农村长处、美乡村风貌、留田园乡愁。这是促进农民就业增收的迫切需要。发展休闲农业和乡村旅游，有利于农村产品变礼品，增加农民的经营性收入；有利于民房变客房，增加农民的财产性收入；有利于农区变景区，扩大就业容量，增加农民的工资性收入。我们必须以高度的责任感、使命感和紧迫感，抓住历史机遇、勇于责任担当、转变发展观念、明确发展定位、创新发展方式、打造发展特色，全力开创休闲农业和乡村旅游发展新局面。

近年来，为支持休闲农业和乡村旅游产业的持续健康快速发展，国家有关部门出台了一系列扶持政策和措施。例如，积极探索有效方式，改善休闲农业和乡村旅游重点村基础服务设施，鼓励建设功能完备、特色突出、服务优良的休闲农业专业村和休闲农业园；鼓励通过盘活农村闲置房屋、集体建设用地、“四荒地”、可用林场和水面等资产发展休闲农业和乡村旅游；加强品牌培育，开展全国休闲农业和乡村旅游示范县示范点创建活动、中国最美休闲乡村推介、中国重要农业文化遗产认定、休闲农业和乡村旅游星级企业创建活动等。为了帮助广大从事休闲农业和乡村旅游工作的干部群众和研究工作者了解、把握和运用近年来国家有关部门出台的有关政策，我们编写了这本《休闲农业和乡村旅游政策解读》，希望能够对我国休闲农业和乡村旅游产业发展起到促进作用。

在本书编写过程中，参阅了大量有关休闲农业和乡村旅游研究的资料和政策实施的经验材料；书稿形成后，北京市农村工作委员会研究员范子文博士提出了许多中肯的修改意见。在此，对为本书的编写和出版提供支持和帮助的有关人员，一并表示最为诚挚的谢意！也希望本书出版后，能够得到业界和广大读者的不吝赐教，以使我们进一步加深对这一领域问题的认识和理解，并为休闲农业和乡村旅游产业的发展作出我们应有的贡献！

编　者

2018年9月

CONTENTS

目录

一、休闲农业和乡村旅游发展现状概述

我国是一个历史悠久的农业大国，农业与乡村地域辽阔，自然景观优美，农业经营类型多样，农业文化丰富多彩，乡村民俗风情浓厚深邃。在我国，发展休闲农业和乡村旅游具有优越的条件、巨大的潜力和广阔的前景。

（一）休闲农业和乡村旅游的内涵

我国是以农业为主体的发展中国家，乡村地域辽阔、人口众多。自改革开放以来，我国经济社会发展取得了举世瞩目的成就，其中城市是我国经济发展最快的地区，城市景观已经发生了根本性的变化。与此同时，乡村是我国经济改革最早的地区，经济水平显著提高。休闲农业和乡村旅游把自然、民族文化和农耕文化融入到传统旅游文化中，丰富了旅游业的内涵，是旅游业的一朵奇葩。旅游业与农村、农业的不断融合，进一步带动了农村各方面基础设施建设不断发展，成为拓展农业多功能性、促进资源高效用、满足新兴消费需求的朝阳产业。

典型案例

澳大利亚的天堂乡农庄

澳大利亚黄金海岸位于澳大利亚东部海岸中段、布里斯班以南，这里气候宜人，日照充足。坐落于澳洲黄金海岸的天堂乡农庄，距海岸垂直距离为 12.07 千米，占地 12 公顷，被昆士兰旅游局评比为五星级旅游景区，是到黄金海岸旅游的必到之处。

农庄内饲养了许多羊，游客可近距离地接触可爱的羊只，了解、亲近布里斯班的乡村生活。

农场里安排了解说员，解说羊只的品种和用途，还有现场剪羊毛的表演活动，可观看各种训练有素的公羊及牧羊犬表演，以及羊毛纺织的表演活动等，极具趣味性。游人可制作丹麦面包，可乘坐复古马车及骆驼，可享用地道的澳式烧烤。还可观看聪明的牧羊犬如何将羊群控制得井井有条，还有精彩的澳洲牛仔的马术表演。在农庄内，除了羊只外还可看到本土的动物，有最受欢迎的袋鼠和无尾熊。游客可与无尾熊拍照留念，还有饲喂袋鼠等活动。

（http：//www.sohu.com/a/112836539_319326）

根据国内外不同学者对休闲农业和乡村旅游的界定，休闲农业和乡村旅游可以定义为：它是以农业、农村和农民为背景，利用农业资源、农业景观和农村环境，以农林牧副渔生产和农村文化生活为依托，以休闲农场、休闲农庄、观光园区、市民农园等为载体，以增进人们对农业及农村体验为目的，具有生产、生活、生态“三生一体”功能特性和一二三产业融合特征的新型产业形态。其主要具有以下五个方面的内涵：

1. 休闲农业和乡村旅游的资源基础立足于“三农”

休闲农业和乡村旅游是农业、农村、农民等资源向外延伸发展的产业，包括以农产品延伸、以农民工延伸、以农业自身和农村自身延伸等几个方面。以农产品延伸主要是在对农产品品种进行拓展、丰富，对农产品深加工，延长产业链，开发农产品的多种消费利用途径，将生产、销售、服务联结为一体，进一步拓展农产品市场空间，特别是满足休闲消费的需要；以农民工延伸主要是充分发挥和利用农村富余劳动力的作用，在对农民工培训和教育的基础上，将农民工从农业生产领域延伸到农产品加工、销售和休闲服务行业；以农业自身延伸主要是充分发挥和利用农业的多功能性及农业特有的生产经营方式，创造优美的绿色生态休闲环境，为人们提供观光旅游、休闲养生、生产体验、娱乐教育等多种休闲服务；以农村自身延伸主要是利用农村的传统文化、生活起居、自然生态等资源，为人们提供特有的休闲服务；从地域的角度看，休闲农业和乡村旅游应该基本上等同于农村地区的休闲产业或“乡村休闲”。由此可以看出，相关政策的重点，应该逐渐从“产业”（农业）转到“地域”（农村），从“地域”转到经济行为主体（农民）。否则，极有可能陷入农业本位主义，就农业谈农业，就农村谈农村。

2. 休闲农业和乡村旅游的经营内容融合于“三产”

休闲农业和乡村旅游不仅是农业发展的一个新领域，而且是休闲产业发展的一种新业态，以“农”为基础，又超越于“农”，其范围不仅涉及农、林、牧、副、渔在内的大农业，还融合了大量第三产业和部分制造加工业，是一个典型的农业生产、农民生活和农村生态合而为一的综合性产业。在经营上将农业产销、农产加工及游憩服务三级产业结合为一体。休闲农业和乡村旅游经营的方向是要由“产品型经济”转向“服务型经济”，使农业生产从一级产业转化为三级产业，并将其市场化及商品化，把发展农业差异化与优质化作为竞争战略来提升其竞争力。

3. 休闲农业和乡村旅游的服务宗旨定位于“三生”

休闲农业和乡村旅游所表现的是结合生产、生活与生态“三生一体”的功能，即利用田园景观、自然生态、村落风貌等环境资源，以野生生物和农业生物为载体，以农业科技为依托，以产业化经营为主线，以为人们提供满意的休闲服务为宗旨，以实现农村发展和农民增收为根本目的。换而言之，休闲农业和乡村旅游可定位于“三卖”，即卖生态、卖生产和卖生活，而且是能给游客增加“奇趣”“异趣”“野趣”“土趣”“赏趣”“乐趣”“买趣”的多功能产业。

4. 休闲农业和乡村旅游的体验价值依赖于“三美”

休闲农业和乡村旅游作为一种体验型产业或者体验型经济，其生命力依赖于“三美”，即园区之美、农产品之美和人文之美。休闲农业和乡村旅游的目的是经过规划设计展示出自然之美，而这自然之美是园区的基本条件，但其必须经过修饰与包装，才能流露其特色，让消费者感受到美丽与温馨的园区之美；其次让消费者感受到经营主体生产出的农产品更有特色，亦为生产过程清洁有机，维护自然资源循环体系，展现对大自然生态平衡的尊重，从分级包装诱导消费者的喜爱与珍惜，展示出农产品的高贵之美，让消费者体会大自然的恩赐；人文之美是生产者经营农业时所流露出自然的文化传承，是一种尊重大自然、细腻精致的工作习惯。例如，培养喝茶的礼节习惯，以及尊重消费者的包装，让消费者感受到经营主体的清洁、整齐、简单、朴素、优雅都是在服务消费者；进入厕所也成为一种享受与艺术，买东西是一种学习，运动是一种教育，丢垃圾也成为一种艺术，从经营主体的经营管理层面，获得人文素养的熏陶和感染。

5. 休闲农业和乡村旅游的产业提升来源于“三力”

休闲农业和乡村旅游的发展离不开对农地的有效利用，有效利用农地则应立足于善于运用土地的栽培力、负载力和区位力。要善于运用栽培力发展农业生产，善于运用负载力发展农产品加工业，善于运用区位力发展旅游服务业。同时，善于运用“三力”亦是经营休闲农业和乡村旅游特色的重要着力点。重视栽培力，就是即使位于偏远地区，但其可能会具有养生功能，也应予以重视；重视负载力，就是即使有特色，但其可能会位于偏远地区，也应予以重视；重视区位力，是应该重视收入较高、高端人群较为集中的地区。

（二）发展休闲农业和乡村旅游的重要意义

典型案例

成都“五朵金花”观光休闲农业区

四川省成都市在三圣乡举办“中国成都首届花博会”之际，集中财力，借势造势，将“花博会”周边的5个村庄在原来经营花卉的基础上，由政府统一规划，因地制宜，错位发展，在12平方千米的土地上，分别打造成了红砂村的“花乡农居”、幸福村的“幸福梅林”、驸马村的“东篱花园”、万福村的“荷塘月色”、江家村的“江家菜地”等著名休闲农业和乡村旅游景点，人们称其为“五朵金花”。该区域的农户依托特色民居，推出休闲观光、赏花品果、农事体验等多样化的休闲农业和乡村旅游项目，已成为国内外享誉盛名的休闲旅游娱乐度假区，被评定为国家4星级风景旅游区。

“五朵金花”不仅整合了成都市城郊区域的农村旅游资源，而且将乡村旅游与农业观光休闲、节庆活动等有机结合起来，形成了以农家乐、乡村酒店、国家农业旅游示范区等为主体的休闲农业和乡村旅游发展业态，在不断提升成都市旅游总体实力的同时，还丰富了乡村旅游的内涵，促进了观光休闲农业的可持续发展。2011年以来，年均接待游客900万人次左右，年产值达1.8亿元，村集体年收入达到3 583万元。通过景区建设，在区域内从事多种开发经营的3 000多户农民（11 500多人）全部就地转为市民，解决了9 790个农民的就业安置，加快了城乡一体化的步伐；带动了商贸业、服务业等相关产业和县域经济发展；“五朵金花”景区每年对地方财政收入的贡献达近千万元。

（https://www.wenjiwu.com/doc/eguvni.html）

休闲农业和乡村旅游利用农村的自然生态与环境资源，结合农林牧渔业、农业经营和农村民俗文化，促进了生产、生活、生态的融合，加快了第三产业特别是农村服务业的发展，促进了农村一二三产业的融合发展，促进了农业、农民、农村的发展，拓展了农业的功能，加快了城乡统筹的进程。发展休闲农业和乡村旅游具有重大战略意义和重要现实意义。

1. 发展休闲农业和乡村旅游是深入贯彻落实科学发展观的客观需要

科学发展观强调以人为本，发展休闲农业和乡村旅游，一方面能够延伸农业产业链条，带动相关配套产业发展，有效拓展农民就业增收空间，让农民发家致富；另一方面又能够为城市居民打造愉悦身心、休闲体验的优越环境，让居民快乐健康。科学发展观强调全面发展，发展休闲农业和乡村旅游，不仅促进经济的发展，通过完善服务设施还有助于社会的发展；挖掘乡土文化，也有助于文化的发展；更加注重生态的保护，有助于生态的发展。科学发展观强调协调发展，休闲农业和乡村旅游的发展，有助于正确处理生产、生活、生态的关系，促进“三生”的协调发展。科学发展观强调可持续发展，发展休闲农业和乡村旅游，更加注重有机农业、绿色农业、无公害农业的发展，更加注重节能减排和环境保护，实现平衡式发展。科学发展观强调统筹兼顾，发展休闲农业和乡村旅游，让市民到农村去，改变了农村人口单向流往城镇的格局；同时也促进了资本、土地等生产要素向农业农村的流动，加快了城乡统筹的进程。

2. 发展休闲农业和乡村旅游是促进经济发展方式转变的重要途径

发展休闲农业和乡村旅游，能够促进旅游消费。不仅能够扩大城镇居民的消费，也能增加农民的收入，为启动农民的消费奠定基础，促进我国经济发展方式主要由投资、出口两个轮子驱动向消费、投资、出口“三驾马车”共同驱动转变。发展休闲农业和乡村旅游，在带动农业专业化、标准化、规模化、集约化生产，提高农业效益的同时，还可以带动观光、食宿、娱乐、购物等产业的发展，加快第三产业特别是农村服务业的发展，促进经济发展方式由主要依靠第二产业拉动，向依靠第一产业、第二产业和第三产业共同拉动转变。发展休闲农业和乡村旅游，可以促进现代农业科技、现代管理和人员素质的发展，促进经济发展方式由以往的生产要素驱动为主向技术创新、管理创新和人员素质提高驱动为主转变。

3. 发展休闲农业和乡村旅游是促进“四化同步”的重大举措

同步推进工业化、信息化、城镇化和农业现代化是中共中央立足我国基本国情，科学把握现代化发展规律，着眼我国经济社会发展全局提出的重大战略任务。比较我国“四化”进程，可以发现农业现代化进程明显滞后于工业化、信息化和城镇化进程。因此，同步推进“四化”，关键是要加快农业现代化。休闲农业和乡村旅游的发展，有助于带动农业农村基础设施建设，改善农业生产条件，提高农业抗风险能力，为农业现代化奠定坚实的基础。休闲农业和乡村旅游的发展，有助于加强农产品生产基地建设，改变农业生产规模小、格局散的情况，实现适度规模经营，从而促进农业现代化发展。休闲农业和乡村旅游的发展，还有助于一二三产业的融合，促进产、加、销等环节的一体化，加快农业经营方式的创新，从而促进农业现代化发展。

（三）近年来我国推动休闲农业和乡村旅游的重要举措

为贯彻落实中共中央、国务院大力发展乡村休闲旅游产业的决策部署，深入践行习近平总书记“绿水青山就是金山银山”的科学论断，扎实推进农业供给侧结构性改革，我国广大农村以推动休闲农业和乡村旅游大发展为载体，通过启动中国美丽乡村休闲旅游行、组织专业论坛、开展推介对接活动、现场学习发展经验等途径，积极推进休闲农业和乡村旅游持续健康发展。回望过去，全国休闲农业和乡村旅游发展呈令人欣喜的态势。仅 2016 年，共接待游客近 21 亿人次，营业收入超过 5 700 亿元，从业人员 845 万人，带动 672 万户农民受益。之所以如此，主要在于近年来采取了以下重要举措：

1. 定标准，强规范，创造良好发展环境

近年来，我国政府有关部门紧紧围绕农业供给侧结构性改革，积极壮大新产业新业态，拓展农业产业链价值链，实施休闲农业和乡村旅游提升工程，推进农业与旅游、教育、文化、康养等产业深度融合，有效地促进了休闲农业和乡村旅游的持续有序规范发展。

典型案例

红红火火的塞上春农业观光园

每逢周末，宁夏塞上春休闲农业观光园，人们纷至沓来，采摘草莓。在平罗县休闲农业和乡村旅游工作的引导推动下，塞上春休闲农业观光园负责人转变思维，从传统农业向休闲观光农业转变，在原有设施的基础上积极兴办休闲农庄，将果园变为采摘园，吸引客人体验农家生活，感受农家气息。反季节的无公害水果，吸引城里人前来采摘游玩，收入也随之翻了一番。

(http://jiuban.moa.gov.cn/zwllm/zwdt/201704/t20170406_5551097.htm)

2015 年，农业部会同国家发改委等 11 部门联合印发《关于积极开发农业多种功能 大力促进休闲农业发展的通知》，提出用地、财税、融资、公共服务等方面政策措施；2016 年，农业部再次会同财政部、国家发改委等 14 部门印发《关于大力发展休

闲农业的指导意见》，积极开展政策研究，加快行业标准制定，推进管理规范化和服务标准化，夯实了政策创设基础。

在国家政策的指引下，各地也纷纷出台落实措施。安徽、山西等省已相继出台了推动休闲农业和乡村旅游发展意见，大部分省还编制了休闲农业和乡村旅游的“十三五”发展规划。湖北、山东、广东、四川、新疆等地还安排了专项财政资金支持休闲农业和乡村旅游产业的发展。

2. 育品牌，树典范，宣传推介农事节庆

截至2017年底，全国共创建休闲农业和乡村旅游示范县328个，推介中国美丽休闲乡村370个，认定中国重要农业文化遗产62项。在全国培育了一批生态环境优、产业优势大、发展势头好、示范带动能力强的发展典范。各地纷纷开展具有地方特色的品牌建设活动。

到2017年12月底，北京评定了星级民俗旅游村240个，星级民俗旅游户5 588户；江苏培育了107个省级休闲观光农业示范村；贵州主打“美丽乡村贵州游”品牌。此外，各地还竞相举办不同类别、不同领域的农园美景、农家美食、农耕体验、民俗趣味的农事节庆活动，如菜花节、桃花节、葡萄节、草莓节、采茶节等。云南的“罗平油菜花节”“腾冲花海节”，江西的“农家菜大擂台活动”，湖北的“杜鹃花节”“小龙虾节”等，精彩纷呈。

典型案例

首届中国巨鹿五彩杏花节在巨鹿盛大启幕

2017年3月25日，河北邢台巨鹿县鲁班路杏花园内，百年杏林花香四溢、仙乐飘飘，邢台乡村旅游暨首届中国巨鹿五彩杏花节在巨鹿盛大启幕。杏花节期间，游客不仅赏花踏春，还参加美食节盛宴、游览巨鹿特色小镇、购买当地特

色产品等。巨鹿栽培红杏已有300多年历史，有成片栽培的杏树6.5万亩*，年产鲜杏8.3万吨，杏花节已成为独具特色的节庆品牌。依托金银花、枸杞、红杏三大优势产业，巨鹿县以杏花节为契机，创建乡村旅游特色品牌，规划建设了双万亩现代农业观光园、各类观光采摘园等，打造了金玉庄金银花园艺小镇、柳洼风清小镇、红色教育小镇、皇韭小镇等特色旅游小镇。

（http://jiuban.moa.gov.cn/zwllm/zwdt/201704/t20170406_5551097.htm）

此外，各地还开展了形式各异的宣传活动，形成了从国家到地方的立体式宣传网络。北京开展京郊休闲农业和乡村旅游网络地图标注工作，进一步更新、完善京郊休闲农业地图信息，为消费者旅游提供便利。新疆重点实施休闲农业宣传推介“三个一”工程，策划一批精品线路、推介一批农事节庆、编撰一部宣传画册。海南通过电视栏目、休闲农业博览园、“冬交会”等平台，进行全面宣传推介。宁夏利用新媒体平台着力搭建集咨询、展示、预定、交易于一体的智慧旅游服务平台。

3. 建智库，助脱贫，构建利益共赢机制

2016年，针对休闲农业和乡村旅游管理者，农业等部门围绕休闲农业和乡村旅游扶持政策、发展战略、规范设计、营销推介等开展培训和交流，培训各类人员4 000余名，极大地提升了管理人员的政策水平和业务能力。同时，鼓励高等院校、职业学校开设休闲农业和乡村旅游相关专业及课程，指导中国农业出版社和中央农业广播学校编写休闲农业和乡村旅游教材，为产业发展提供人才储备和智力支持。

除此之外，按照“讲座＋参观＋实习”的组织方式，农业等

---

* 亩为非法定计量单位，1亩＝1/15公顷。——编者注

部门对部分贫困地区的村干部和农民合作社负责人，开展休闲农业和乡村旅游扶贫培训。通过理论学习、参观考察和现场实习，帮助贫困地区村干部与合作社带头人换脑子、学点子、结对子、压担子、趟路子，促进理论与实践、扶智与扶志、资源与市场有机结合，初步探索出“三选准”（选准决战战场、选准工作重点、选准培育典型）、“三结合”（精准扶贫与信用工程、普惠金融、支持产业发展等工作紧密结合）、“三对接”（部门对接、市场对接、政策对接）等产业脱贫帮扶新路。

典型案例

休闲农业和乡村旅游火遍四川自贡

2017年1月22日，由四川省休闲农业协会主办的2017年“四川美丽田园欢乐游”暨川南首届花卉博览会，在自贡市贡井区花香田园农业主题公园开幕。据贡井区农村工作办公室相关负责人介绍，2016年9月，该区成立了花香田园休闲农业专业合作联社，参与农户500多户、3 000多人，通过“龙头企业＋专业合作社＋村民委员会＋会员”的模式，实现了帮助农户脱贫增收的目的。据悉，公园建成后，将具有农业生产、花木盆景生产、农产品加工、休闲农业观光旅游、现代设施农业体验、生态养老、会展、特色农产品展销和线上营销等功能，带动艾叶镇及周边乡（镇）10多个村上万户村民增收致富，人均新增收将达1 500元左右，解决200余村民就业，其中建档立卡贫困户有6户，吸引社会资金1.5亿元发展乡村旅游示范基地（园区）18个，带动200余户贫困户实现脱贫。

(http：//jiuban.moa.gov.cn/zwllm/zwdt/201704/t20170406_5551097.htm)

休闲农业和乡村旅游的发展，已充分彰显了其促进增收的经济功能、带动就业的社会功能、传承农耕文明的文化功能、美化乡村环境的生态功能、促进村民自治的社会功能，促使农区变景区、田园变公园、劳动变运动、农产品变商品、民房变客房，让农村闲置的土地利用起来，让农民闲暇的时间充实起来，让富余的劳动力流动起来，让传统的文化活跃起来，在农业农村经济社会发展中发挥重要作用，成为农业增效、农民增收、农村增绿的新产业新业态，成为农业农村经济发展的新动能。

（四）休闲农业和乡村旅游在农村经济社会发展中的重要作用

典型案例

引游客进来　带产品出去

——嘉善县发展休闲农业使“风景”变“产业”

4月杜鹃红，5月樱桃熟，在刚刚过去的“五一”小长假中，浙江省嘉善县的休闲农业吸引了大批游客。从第一产业到第三产业，从粮食大县到首批“全国休闲农业和乡村旅游示范县”，嘉善在发展休闲农业的道路上走出了自己的特色。

一、休闲农业里的一抹樱桃红

在嘉善淞浩生态农业有限公司的樱桃园里，一串串樱桃挂在枝头，晶莹剔透。虽然“五一”小长假已过，但樱桃园里的游客依然络绎不绝。王先生一家专程从上海赶来，“樱桃是现在的时令水果，孩子也爱吃，听朋友提到这里的樱桃园，就过来采摘。”王先生说。

据嘉善淞浩生态农业有限公司总经理章红飞介绍，整个“五一”期间，樱桃园接待游客约2 000人次。自樱桃4月底上市至今，接待的游客总数超过4 000人次。“樱桃是种娇嫩的水果，上市的时间大约只有一周，现在正是樱桃成熟、采摘樱桃的好时节。”章红飞介绍说。

据了解，在创办淞浩农业之前，章红飞原来的企业从事的是钢铁、汽配贸易，与农业可谓是八竿子打不着。被问及为什么跨行转型做农业时，章红飞回答："现在的休闲农业方兴未艾，城市人都爱去农村过把'农庄瘾'，我觉得这里的商机无限。"

为此，2013 年初，章红飞开拓农业园区 1 000 余亩，至今已投入 2 300 多万元。樱桃于 2015 年第一次成熟，2016 年开始盛产，2017 年还有黄桃、枇杷、槜李等水果挂上枝头。

章红飞表示，农业园区的水果只供游客采摘，不送批发市场。"因为我们的樱桃品种是'红樱一号'，果大、色艳、水分多，甜度一般在 14 白利度以上，多晒几天太阳甜度就能达到 23 白利度，成为樱桃中的精品。因此，我们要开发的是精品农业。"章红飞说。下一步，章红飞还将开发樱桃酒、樱桃饮料等产品，进一步拓展产业链。

二、产业化之路带领嘉善杜鹃走向世界

杜鹃花向来是嘉善精品农业中重要的组成部分。2016 年，在第十三届中国杜鹃花展览中，嘉兴共有 4 家单位（个人）斩获室内展馆金奖，嘉善魏塘杜鹃盆景园获杜鹃花栽培特别金奖，嘉兴碧云花园、胡永华获杜鹃花栽培金奖，碧云花园的潘菊明、花卉协会的胡永华获得"全国杜鹃花栽培技能大师"，种种荣誉都显示了嘉善杜鹃花在全国的地位。

如今，嘉善的杜鹃花即将走出国门、走向世界。走进嘉善联合农业科技有限公司，一排排的杜鹃花、杜鹃盆景争奇斗艳。公司负责人沈勇介绍说，这是公司的老基地，占地约 100 亩，在嘉善魏塘街道虹桥村，有一个占地 200 多亩的新基地，在 2016 年底，新基地出品的杜鹃花就进入了美国西雅图。

"我们在农业中加入科技要素，种植管理全部采用现代化设施，打造国内首屈一指的杜鹃产业化生产链。"沈勇介绍。

据了解，杜鹃一般在4月开花，但该公司开发出加温催花，杜鹃在春节前即可开花，以满足春节需求，此项目耗资近百万元。另外，杜鹃扦插一般只在春季，该公司独创春秋两季扦插，进一步提高了产量。科技要素的加入，农业产业化的把控，带领着嘉善杜鹃走向世界。

沈勇表示，公司2016年的杜鹃花供应量为5万～6万盆。2017年，这个数量将上升到20万～30万盆。

三、打造各具特色的休闲农业

近年来，嘉善利用北部水域、南部田园等丰富的自然资源发展不同类型的休闲农业。休闲农业和乡村旅游发展特色明显，北部有丁栅、西塘、陶庄一线的水域风光；中部有依托西塘古镇的乡村游、农家乐；南部呈现出江南水乡的田园风光。目前，一批集农业观光、休闲度假、农事体验、科普娱乐为一体的休闲点相继建成，形成了以碧云花园为代表的农业园区型，以浙北桃花岛为代表的基地拓展型，以汾湖休闲观光农业带为代表的资源景观型，以祥盛休闲农业园、龙洲休闲渔业园为代表的特色产品型，以西塘荷池村、陶庄渔民公园为代表的农家乐型等多种休闲农业和乡村旅游类型。

嘉善县农业经济局林业站副站长芮利刚表示，嘉善地处鱼米之乡，农业基础扎实，这为休闲农业的发展提供了良好的基础。此外，嘉善距离上海近，位于长三角中心地带，区位优势明显，无论是游客来采摘还是花卉运输，交通上都有着得天独厚的条件。

芮利刚说，把原本零散的土地集中起来，进行规模化、产业化种植，有利于科学种植，其产出将大于零散种植。而且，工商资本进入农业后，激发了市场活力，推动了从一产到三产的有机融合。

（http：//www.cnjxol.com/xwzx/jxxw/szxw/content/2016-05/04/content_3626511.htm）

近年来，休闲农业和乡村旅游的发展，有效地激活了农村的闲置资源，正在成为农村经济发展的新引擎。实际上，休闲农业和乡村旅游产业的发展，在推进乡村振兴战略的实施和农业农村现代化等方面发挥了不容忽视的作用。

1. 休闲农业和乡村旅游成为带动农民就业增收和产业脱贫的重要途径

发展休闲农业和乡村旅游，使农业生产实现了物化产品和精神产品的双重增值，有效地增加了农业经营性收入；发展休闲农业和乡村旅游，延长了农业产业链条，扩大了就业容量，有效地增加了农民的工资性收入；发展休闲农业和乡村旅游，把农家庭院变成了市民休闲的“农家乐园”和可住可租的旅店，有效地增加了农民的财产性收入；发展休闲农业和乡村旅游，把农业产区变成了居民亲近自然、享受田园风光的景区，有效地保障了农民收入的“四季不断”。特别是对于贫困地区，发展休闲农业和乡村旅游，更是实现脱贫致富的有效途径。贫困地区大都是未开垦的处女地、原生态地，往往生态环境良好，农产品特色明显，民俗风情各异，古村落形式多样，具有发展休闲农业和乡村旅游得天独厚的优势。在这些地区，大力发展休闲农业和乡村旅游，形成产业支撑，建立帮扶机制，实现利益分享，走出了一条条产业脱贫的好路子。

2. 休闲农业和乡村旅游成为促进农村一二三产业融合发展的重要载体

一二三产业融合发展涉及面广、内涵丰富，既要打好第一产业的基础，又要推动第二产业延长产业链，还要延伸第三产业的价值链。休闲农业和乡村旅游很好地体现了一二三产业融合发展的理念，是一二三产业融合的有效载体之一。许多经营业主在生产优质农产品做大一产的基础上，发展加工业做强二产，发展休闲度假、养老养生、农事体验等做优三产，有机地把农业生产、农产品加工、休闲观光服务紧密地结合在一起，实现了农村三次产业的融合发展，拓展了农村的发展空间。

3. 休闲农业和乡村旅游成为带动农民创业创新的重要平台

“大众创业、万众创新”是经济社会发展的新动能。休闲农业和乡村旅游资源消耗低、投资额度小、就业容量大、市场需求旺、综合效益高，农民、大学生、返乡农民工均可参与，是创业创新者可以大有作为的广阔天地。大量的休闲消费，为创新创业者提供了无穷市场。“互联网+”等新技术的应用，为创业创新者获取创意信息、发布休闲产品、开展众筹融资提供了便利条件。移动通信、高速铁路、电子商务、在线支付等基础条件的改善，为创业创新者提供了有力保障。一大批投身休闲农业和乡村旅游的“弄潮儿”，通过走“小、专、精、特、新”的发展道路，打造出一批“人无我有、人有我优、人优我特、人特我专”的休闲旅游产品和服务。他们的成功，为农民创业创新起到了重要的示范带动作用。

4. 休闲农业和乡村旅游成为推动农业供给侧结构性改革的重要内容

当前，休闲农业和乡村旅游仍然存在着有效供给不足的问题。有的地方在产品品种、食宿环境、服务质量、文化展示、农事体验等方面还难以满足城乡居民高质量的休闲消费需要。有的经营主体功能单一，果园只能提供采摘，农家乐只能提供食宿，农业园区只能提供科普观光，观光、体验、休闲、度假、用餐、赏景相互割裂，没有形成结构优化和业务衔接，导致游客不愿来、来了待不住。这种状况制约了产业的发展，这就需要推进供给侧结构性改革。一方面，需要提高供给质量，着力打造功能齐全、环境优美、体验活动丰富、产品绿色安全、文化内涵深厚的休闲农业和乡村旅游产品；另一方面，提高公共服务水平，串点成线、连线成面，推动休闲农业和乡村旅游由低水平供需平衡向高水平供需平衡跃升。

二、我国休闲农业和乡村旅游政策发展综述

休闲农业和乡村旅游是农业供给侧结构性改革的重要内容，是农业农村经济发展的新动能。中共中央、国务院高度重视休闲农业和乡村旅游发展，通过适时出台政策措施，促进、引导休闲农业和乡村旅游持续健康发展，加快培育农业农村经济发展新动能，壮大新产业新业态新模式，推进农村一二三产业融合发展，深入推进农业供给侧结构性改革，实现农业增效、农民增收、农村增绿。

（一）政策的含义与内涵

1. 政策的含义、类型与特点

政策是人们最常用的名词之一，是指特定的主体为达到一定目标而制订的行动方案或行动准则。由于休闲农业和乡村旅游涉及的政策主要属于公共管理的范畴，因此，本书所说的政策主要是公共政策。它是公共权力机关经由合法的政治过程所选择和制订的为解决公共问题、达成公共目标、以实现公共利益的方案，其作用是规范和指导有关机构、团体或个人的行动。简而言之，我们以后所要研究和解读的政策，是指国家或地方部门针对相应的事件、现象、规划等制定的一系列方针和规定，以及在处理这些相应的事件、现象、规划等时应遵循的规则和方法。

政策特别是公共政策，作为对社会利益的权威性分配，集中反映了社会利益，从而决定了其必须反映大多数人的利益才能使其具有合法性。因而，许多学者都将政策的目标导向定位于公共

利益的实现，认为公共利益是政策特别是公共政策的价值取向和逻辑起点，是公共政策的本质与归属、出发点和最终目的。

政策特别是公共政策，一般具有以下几个方面的特点：

（1）合法性。政策的合法性应该通过法定程序获得，这种法定程序可以通过立法机关通过，或者得到立法机关明确授权的有关部门的认可。

（2）权威性。政策的权威性与其合法性紧密相关，而权威性又与强制力相联系。

（3）表述性。就表现形态而言，政策不是物质实体，而是外化为符号表达的观念和信息。它由有权机关用语言和文字等表达手段进行表述。

（4）时效性。政策是在一定时间内的历史条件和国情条件下推行的现实政策。

政策，按照制定和发布的主体层级不同可划分为国家政策和地方政策。国家政策是由国家及其党政有关部门制定和发布的政策，而地方政策是由党委、政府及其有关部门制定和发布的政策。作为国家的政策，一般又分为对内与对外两大部分。对内政策包括财政经济政策、文化教育政策、军事政策、劳动政策、宗教政策、民族政策等；对外政策即外交政策。在本书中，我们所研究和解读的休闲农业和乡村旅游政策，主要属于国家及有关部门所出台政策规定，即国家政策；而对于地方政策，有的地方也可能会提到，但不予以展开论述。

2. 政策与法律法规的区别

尽管政策和法律法规在阶级本质、经济基础、指导思想、基本原则、社会目标等根本方面是高度一致的，但二者还是有着明显区别的。主要表现在：

（1）政策主要是政党或者政府（部门）意志的体现，表现为党或者政府（部门）的文件（一般由决定、决议、纲领、宣言、通知、纪要等形式表现），这些文件可以是公开的，也可以是

“内部”的；而法律法规则是国家意志的体现，表现为由立法机关或者行政机关依照法定职权和程序制定的规则（一般由法令、条例、规则、章程等法定文件形式表现），它们必须是公开的，面向社会公布的。

（2）政策可以主要由或完全由原则性的规定组成，可以只规定行动的方向而不规定行为的具体规则；法律法规则是以规则为主，不能仅限于原则性规定，否则，权利和义务界限不明，难以对各种利益关系和社会关系加以有效调整。

（3）政策主要靠宣传教育和党纪保证实施，但党纪只能适用于党内；而法律法规则是以国家强制力保证实施的，法律法规可以对任何违反者实施制裁，具有普遍的适用性。

（4）政策具有较大的灵活性，虽然党和国家的根本政策具有较高的稳定性，但大量的具体政策往往随着形势的变化而随时调整，否则便不能发挥及时的指导作用；而法律法规则具有较高的稳定性，法律法规一般是在较长时期内保持不变，如果变动周期过短，则受法律法规调整的社会关系便处于捉摸不定的状态，这样就不能建立起良好的法律法规秩序。

（二）我国休闲农业和乡村旅游政策变迁脉络

基于休闲农业和乡村旅游发展不同的动力机制，可以将休闲农业和乡村旅游的发展划分为初创时期、发展时期、扩张时期和升级时期等四个阶段。不同的阶段，休闲农业和乡村旅游的发展呈现出不同的态势，而政策也在不同时期起着不同的作用。从动力机制出发，对我国休闲农业和乡村旅游政策的变迁进行系统归纳与梳理，呈现出政策发展的脉络，有利于明晰我国休闲农业和乡村旅游发展政策的内在逻辑。

1. 初创时期（20 世纪 80～90 年代中期。特点：无意识萌芽）

20 世纪 80 年代初，我国休闲农业和乡村旅游开始兴起。目前被广泛认可的我国休闲农业和乡村旅游发源地是四川成都郫县的农科村，而兴起的标志很难说具体是哪一年在哪一个地方发生的哪个事件，但有这样几个可以考证的萌芽，代表了我国休闲农业和乡村旅游的源头，它们分别是：

（1）少数民族地区的民族风情旅游。如 1982 年贵州省开发的石头寨民族风情旅游。

典型案例

我国最早开发的原生态民族风情村寨

——贵州石头寨

石头寨，位于贵州省中部的黄果树风景名胜区，距离著名的黄果树大瀑布只有 6 千米。这是一个布依族村寨，寨子依山傍水，几乎所有的建筑都是由石头和石板建造而成，因此称“石头寨”。走进寨门，就像走进了石头的世界。街道是石头铺的，房屋是石头垒的，屋顶也是石板盖的。依托这样的独一无二的条件，1982 年，被贵州省开发为民族风情旅游村寨。

石头寨村民的生活，主要以农耕为主，这里是贵州省民族风情保存得比较完整的地区。数百年来，它一直不为外人所熟知。可是，当都市文明对古老历史的向往慢慢演变为一种时尚的追求之后，这种原生态的民族风情便吸引了不少好奇的游客。随着黄果树风景区的进一步开发，到石头寨来游玩的人也越来越多。

石头寨几乎全寨都是石墙石瓦的石屋。石屋层层叠叠，顺山势而建，错落有致。有的石屋，房门朝向一致，一排排并列；有的组成院落，纵横交错。布依族的民居，一般是上、中、下三层，下层圈养牲畜，中层住人，顶层比较窄小，用来存放杂物。石头寨房顶的盖法，吸收了歇山顶的基本建筑样式，规整中富含变化，冬暖夏凉，实用而独具特色。寨里的男人，个个都会石匠活儿，手艺代代相传。

石头寨距今已经有600年的历史。石头之所以成为这里主要的建筑原材料，是因为这个地区独特的地质和气候条件。在这里用石头盖房子，不仅造价比较便宜，节约木材，不怕火灾，而且舒适耐用，冬暖夏凉。这些石头建筑，历经多年的风雨冲刷，越发显得洁白，在秀丽的群山环抱之下，构成了一幅幅山野的图画。石头的坚韧和沧桑，在这里默契地守护着历史，见证着生活的每一个变化。村寨内部不允许通婚，数百年厚重的历史传统，既维持着寨子的安宁与稳定，也使石头寨只能以一种缓慢的节奏，被动地适应着外部世界的变化。

贵州蜡染名扬中外，石头寨是著名的蜡染之乡，寨里寨外，桥上河里，随处可见点蜡、漂蜡的女性。全寨约80%的成年妇女都会这种传统的民间工艺，有一半人家有染缸。石头寨是蜡染文化的世界。

石头寨住着纯朴勤劳的布依人，居住史达600年以上。好客是布依人的一大特点，一家有客便是全寨之客，每家都以隆重的礼节相待。近年来，随着黄果树风景区的不断发展，石头寨以其优美的自然景色和传统精湛的蜡染、织锦民族工艺，吸引了不少国内外游客前来观光。

(http://www.yuanlin.com/gujian/html/detail/2018-1/31480.html)

（2）率先在开放地区由农民自发兴办旅游类企业，以1984年建立的广东珠海白藤湖农民度假村为代表。

典型案例

我国首座农民度假村——白藤湖农民度假村

白藤湖农民度假村位于珠海斗门县井岸镇东南3千米处，距澳门仅10.4海里。湖面10平方千米，相当于杭州西湖的两倍。1984年建成中国首座农民度假村，因湖得名，并发展为今日的旅游城。全城占地面积 20 平方千米，规划建筑面积 46 万平方米，已完成 12 万平方米。现已建成国际金融度假村、上海度假村、广州铁路局度假村、中国税务度假村、松墅屋村等十多座。它们各具民族风格，富有大自然野趣，临湖建筑的园林别墅、豪华宾馆、海鲜餐厅均坐落在湖光水色之中，旅客床位达 2 000 个。娱乐设施有水陆娱乐场、沙滩泳场、摩托快艇、珠江海面游、澳门海面游；还有园艺式的水果、荷花、花卉、番薯等公园，供游客品尝和观赏。餐厅可随季节供给各种海鲜，还有别具乡土风味的田螺、禾虫、水鸭、水鸡、禾花雀和久负盛名的白藤莲藕。鳄鱼岛公园饲养着的鳄鱼近 100 条，更给游人助兴不少。白藤湖旅游城不愧是一个“住水边、食海鲜、玩水面”的旅游、度假胜地。

1984 年，白藤湖农民度假村开业，声名鹊起。这是中国第一个农民度假村，首创农业观光游，农业休闲游。创始人钟华生挂在嘴边的话“住水边，玩水面，吃海鲜”成为白藤湖最好的广告词。

白藤湖是 20 世纪 70 年代在白藤山下围海造地而成，当时的指挥官就是钟华生。谁也想不到农民度假村吸引了 2.2 亿元的外来投资，在农民度假村周围建起了风格迥异的度假酒店，人凋马稀的偏僻地竟成了全国有名的旅游胜地。

六七年的辉煌之后，白藤湖渐走下坡路，在人们的记忆中淡出。2002 年，斗门撤县设区。随着珠三角最后一个县的消失，斗门开始了它的城市化进程。5 年后，白藤湖又热乎起来了，以湖心路为中轴，四周的高档楼盘平地而起，大部分楼盘占地超过 10 万 m^2，第三产业的收入已占白蕉镇财税收入的大头。农民度假村及周边已荒废多年的旅游酒店纷纷“更衣”扮靓。国际连锁酒店进入白藤湖，有效地扮靓了这一区域的城市氛围。白藤湖还在，可现在它更像是城区中的“园景”，而不是农业观光游的渔舟唱晚。

(https：//baike. baidu. com/item)

（3）发达地区和大中城市郊区为了业务洽谈，在城市郊区开办农家服务点接待洽谈的客人，成都郫县农科村的“农家乐”就是这样形成的。

典型案例

我国“农家乐”发源地——成都郫县农科村

在成都郫县友爱镇农科村的徐家大院，于 1986 年诞生了中国第一家“农家乐”。由此，以“农家乐”为代表的休闲农业和乡村旅游在郫县、成都快速崛起，并引领带动全国休闲农业和乡村旅游的发展与延伸，“渔家乐”“牧家乐”“藏家乐”“羌家乐”在各地迅速兴起，使乡村自然资源成为老百姓就业致富的资本。

20 世纪 80 年代末，郫县农民以秀美的花卉盆景和浓郁的乡风民俗为依托，整合家庭资源自发地办起庭院餐厅，“农家乐”在郫县破茧而出。头脑灵活、不甘平凡的徐纪元正是这改革大军中的一员，他承包起 20 多亩地，花木远销重庆、贵州等地。那个年代，生意往来全靠书信联系或者面对面洽谈，时常有南来北往的客商到徐纪元家看花木，吃住成为一大难题。“干脆我们把房子修一下，腾两间出来专门让客人住。”徐纪元和老婆商量后，就凑了 12 000 多元，把自家破旧的茅草屋改造成为了砖瓦结构的三合院。于是，中国最原始的“农家乐”便有了雏形。

渐渐的，来徐家三合院的客人越来越多，有到农科村出差的外地人，也有附近的村民，还有专门赶几十千米来的城里人，吃饭、喝茶、晒太阳。徐纪元没有忘记乡亲们，从自家姐姐开始动员，现身说法，动员大家都来搞“农家乐”。看到徐家挣了钱，周围邻居们都纷纷仿效，改造房屋办起了“农家乐”，整个村的人们腰包渐渐地鼓了起来。

短短几年，在农科村，“吃农家饭、住农家屋、观农家景、购农家物、干农家活、享农家乐”这一新型旅游现象成为当时的热潮。这种使游客乐、农家也乐的农家旅游形式，郫县人将其叫响为“农家乐”。

20世纪90年代末，“农家乐”的发展也得到了当地党委、政府更进一步的重视。郫县县委、县政府制定了《关于加快农家旅游经济发展的实施意见》，将农科村模式推广到全县。至1999年底，农科村开办“农家乐”近100家，全县“农家乐”发展达500家，形成近10个农家旅游重点村，“农家乐”旅游对农村经济社会发展和促进农民增收起到积极的推动作用。

从1986年到1996年，是农科村休闲农业和乡村旅游的第一个“黄金十年”，也带活了全县的休闲农业和乡村旅游，家家“农家乐”游客爆满，徐纪元也将经营花木赚的钱全部投入到“农家乐”的改造中，建起了一栋两层的楼房，也就是农科村的第二代“农家乐”。每到周末，徐家大院可谓“一座难求”，不仅成都人爱来农科村喝茶吃饭，重庆、贵州、云南、广东等各地的游客也是趋之若鹜。短短几年的时间里，农科村的“农家乐”由最初的4户发展到了100多户，日接待能力达到1万余人次。

农科村的“农家乐”开创了全国休闲农业和乡村旅游的历史先河，创造了中国旅游开发的新模式。此后，美国、德国、日本、荷兰、俄罗斯、菲律宾、泰国等40多个国家的友人以及全国各地的代表团前来参观考察。

当然，市场的竞争也给农科村带来强烈冲击。随着成都周边地区“农家乐”的快速发展，郫县“农家乐”面临极大的竞争与挑战，农科村“农家乐”起点较低、规模偏小、档次不高等问题也逐渐暴露出来。2002年初，整个农科村的生意并不景气。这个时候，徐纪元却做了令所有人不解的决定：押上全部身家，投资600万元改造徐家大院。

“中国农家乐的旗帜是从这里竖起来的，我不能让它倒下！”在郫县县、镇两级党委政府的支持下，徐纪元也做了大量的市场调研，决定改建第三代“农家乐”——园林式“农家乐”。郫县县委、政府也高度重视农科村的发展，投入资金对整个景区的道路、绿化等环境进行了深度的提升美化，使农科村焕然一新。全新改造的徐家大院，加入川西园林体验元素，增加了不少“农家乐”旅游的吸引力，大量的游客们又重回农科村，周边“农家乐”也纷纷进行改造提升，重新迎接八方宾客。

尤其在近几年，面对广大消费者对休闲农业和乡村旅游提档升级的需求和激烈的市场竞争，郫县也及时调整发展思路，积极探索休闲农业和乡村旅游转型升级具体举措，推动一二三产业融合发展，走出了一条改革创新的休闲农业和乡村旅游“郫县道路”。如今，站在成都建设国家中心城市、郫县撤县设区的新起点，郫县翻开建设“双创高地、生态新区”的全新篇章，郫县县委确定培育的5个千亿级主导产业集群中，就包括推动旅游业加快提档升级，实现旅游业及相关产业营业收入1 000亿元。

据中国郫县“农家乐”30年发展与转型升级研讨会上披露，有着“中国‘农家乐’第一家”的徐家大院正在实施“4.0产融结合连锁联盟复制计划”，连锁联盟触角已经触及国内外，如美国、澳大利亚等，并计划在2～3年内实现IPO上市，打造“世界农家乐第一股”。

(http：//www.sc.chinanews.com/bwbd/2016-12-21/63897.html)

（4）由少数民族文化项目演变为特色乡村旅游点，1986年雷山县郎德寨被贵州省确定为首批重点保护的民族村寨，成为民族风情旅游区。

典型案例

我国最早确定的重点保护民族村寨

——贵州雷山郎德苗寨

郎德苗寨位于贵州省凯里市东南27千米的苗岭腹地，分上、下两个自然寨。对外开放的是上郎德，因此正规一点的叫法应该是“郎德上寨”。

至今全寨有118户，500多人，全部是苗族，以陈、吴两姓为主。郎德上寨依山傍水，背南面北，四面群山环抱，茂林修竹衬托着古色古香的吊脚楼，蜿蜒的山路掩映在绿林青蔓中，悦耳动听的苗族飞歌不时在旷野山间回荡。寨前一条弯弯的河流宛如蛇龙悠然长卧，南面有松杉繁茂的“护寨山”，北面有杨大六桥——“风雨桥”横跨于河畔上。过桥可攀登养牛坡，还可观赏杨大六当年反清抗暴时筑起的碉堡和战壕。寨内吊脚楼鳞次栉比。吊脚楼上装有“美人靠”供来客休息。“美人靠”平时又是姑娘们刺绣的好地方，具有独特的苗寨风格。村上的小路全以鹅卵石铺设，整整齐齐、干干净净。寨子中央有一个大芦笙场，地面是用鹅卵石以仿古代铜鼓面十二道太阳光芒和飞奔的骏马铺设而成。南上方还设有“杨大六文物博物馆”，馆内陈列着当年杨大六领导反清抗暴时的刀、叉、头 盔、铁炮等战斗武器。

原先苗族有自己的民族文字，《苗族古歌》记载了苗族先民因逃避战争和朝廷的追杀，并避免民族文化迁徙秘密等暴露于敌人，不得不将文字焚烧、抹去。当仅有的那些为数不多的知识分子去世后，文字也随之丢失，留下的只有现在的那写在衣服上的文字。当代苗族青年作家、知名记者南往耶这样写道：“苗族是一个不断被驱赶甚至被消灭的民族，但他们一直没有放弃信念。自5 000年前开始，跋山涉水，经历千难万苦，从中原逃到云贵高原和世界各地，朝着太阳落坡的地方寻找故乡，用血养育古歌和神话，没有怨恨，把悬崖峭壁当做家园，梯田依山而建，信仰万物，崇拜自然，祀奉祖先，感谢仇人。”进郎德上寨，首先要饮十二道拦路酒，然后才沿着石板小路走进寨子中央的芦笙场。在郎德将会欣赏到敬酒歌、苗族飞歌、芦笙舞、铜鼓舞、板凳舞、集体舞等丰富多彩的苗族民间歌舞。或许，这就是苗族的文字吧！

1985 年，郎德上寨作为黔东南民族风情旅游点率先对外开放；1993 年载入《中国博物馆志》；1997 年被文化部命名为“中国民间艺术之乡”；2001 年被列为“全国重点文物保护单位”闻名中外，是旅游观光、考察苗族文化、领略苗族风情的首选村寨。郎德上寨以魅力无穷的苗族歌舞，绚丽夺目的苗族银饰，独具匠心的吊脚楼，古色古香的鹅卵石道，闻名遐迩的抗暴英雄杨大六故里，热情好客的民族礼仪迎接海内外宾客。

胡锦涛、温家宝等党和国家领导人也都到郎德上寨视察，几十个国家的贵宾来也来过这里参观。郎德上寨，每年接待中外游客 3 万多人次，成为贵州东线旅游的热点。

（https：//baike. baidu. com/item）

（5）由节庆活动演变而来，如改革开放较早的深圳为了招商引资，在 1988 年举办了首届荔枝节，吸引了大量游客，此后农业节庆活动被很多地方沿用。

典型案例

我国最早举办的农业节庆——深圳首届荔枝节

1988 年 6 月 28 日至 7 月 8 日，深圳市举办首届荔枝节，共有 22 万国内外来宾应邀参加，贸易成交 5 亿多元。

荔枝节是深圳市市节，每年6月28日至7月8日举行。节日期间以“荔枝”为主题开展各种形式的经贸、文化联谊活动，向国内外展示深圳人民经过艰苦创业所取得的伟大成就和特区欣欣向荣的景象。

深圳市民有一个传统的习俗：每逢蝉鸣荔香时节，都要邀请海内外亲朋好友光临荔园尝鲜，即摘即啖。既品尝了新鲜荔枝的独特美味，又饱览了旖旎的荔乡风光，又借此沟通感情，增进友谊，互通信息，取得共识。荔枝节就是根据这一传统习俗经过充实发展而来的。

（https：//baike. baidu. com/item）

以上五种萌芽也可以看作是休闲农业和乡村旅游兴起的五种机缘。

1989年，“中国农民旅游协会”正式更名为“中国乡村旅游协会”，是“乡村旅游”这个概念受到广泛关注的标志。这一阶段我国休闲农业和乡村旅游的发展明显表现出自发性和“副业”的特征，对旅游的认识主要局限在观光方面，没有形成完善的产业链。

这一时期，虽然政府主导与民间力量兼有，但政府还没有真正意识到把休闲农业和乡村旅游作为一种新兴产业来发展的价值与作用，只是为了作为支持招商引资、商务洽谈等辅助功能，不是为了作为独立的产业来发展休闲农业和乡村旅游。虽然，当时这些经济形态的主要功能不是为了旅游，但却在无意识中催生了休闲农业和乡村旅游的萌芽。这一时期，我国的休闲农业和乡村旅游政策是致力于引导行业规范化发展。为了实现这一目标，政府需要填补制度的空白，理顺旅游管理规制，相应的监督和管理机构开始建立起来。同时，伴随着行业约束，政策也带来行业帮扶，早期的基础设施日益完善，为今后规模化休闲农业和乡村旅游的发展打下了坚实的基础。

2. 发展时期（20世纪90年代中期至2003年。特点：自觉而混沌）

20世纪末到21世纪初，休闲农业和乡村旅游焕发出蓬勃的生命力，进入高速发展时期。经过萌芽期的铺垫，休闲农业和乡村旅游作为一种新的产业形式被认可，消费者的需求非常旺盛，这吸引了许多中小型投资者，从而开始了休闲农业和乡村旅游"量的积累"。这一阶段出现了几件大事，推动了休闲农业和乡村旅游的发展（表2-1）。

表2-1 发展时期重大休闲农业和乡村旅游政策一览表

年份	事件
1995	每周5天工作制的施行，使人们在工作之余有了更多的闲暇时间，加之随着经济的发展，人们可支配收入的进一步提高，国内旅游迎来了发展的小高潮
1998	国家旅游局推出"华夏城乡游"中国旅游主题年，提出"吃农家饭、住农家院、做农家活、看农家景、享农家乐"的口号，这也意味着休闲农业和乡村旅游进入国家视野
1999	国家旅游局推出"生态旅游年"活动，使休闲农业和乡村旅游更进一步突出生态文明这一主题
2000	国务院办公厅印发《关于进一步发展假日旅游若干意见的通知》，明确提出了"黄金周"的概念，并指出"要积极发展城市郊区和重点景区周围的农业旅游、森林旅游和度假休闲旅游"
2002	国家旅游局退出"中国民间艺术游"主题年，将更多的注意力放在普通老百姓的生活方面。虽然将主题定为"民间艺术"，但中国的民间艺术大多在乡村保留并传承，也鼓励更多中外游客深入中国基层社会（尤其是农村），去探究多样的旅游形式，寻找与城市不同的旅游体验

其中，5天工作制，让周末2天休息时间变得可利用，但同时也限制了城市居民的活动半径，这样城市近郊区就成为最合适的选择。在5天的辛勤劳动以后，逃离城市，在农村惬意的环境中耕农家田、采农家果、吃农家饭、住农家炕成为时髦的休闲方式。

小知识 你知道每周5天和每天8小时工作制是怎么起源吗？

马克思认为，8小时工作制是工人阶级解放的一个必要条件。“没有这个条件，一切进一步谋求改善工人状况和解放工人的尝试，都将遭到失败。”

于是，在国际共产主义运动史上，各国工人为争取8小时工作制付出了长期努力。1866年，第一国际日内瓦代表大会根据马克思的建议通过了《关于缩短工作日》的决议，但远在这之前的1836年，美国《全国劳工报》就提出：“我们相信每日劳动8小时对于任何人都已经太够了。”马克思自己也承认：“我们建议通过立法手续把工作日限制为8小时。这种限制是美国工人的共同要求，代表大会决定将使它成为全世界工人阶级的共同行动纲领。”

1933年，美国率先将全国标准工作时间改为每周40小时。受此鼓舞，国际劳工组织1935年出台的47号公约规定每天工作时间不能超过8小时，每周不能超过40小时，但美国并不是灯塔，“8小时工作制”的口号最早起源于英国。早在1817年8月，英国空想社会主义者罗伯特·欧文就提出了8小时工作制问题，并把它作为“理想社会”的重要制度。

在这之后的1853年，伦敦建筑业工人为争取8小时工作制进行了罢工，但以失败告终。直到1886年5月1日，芝加哥4万多名工人与警察发生激烈冲突，喊出“8小时工作，8小时休息，8小时归自己”的口号，暴力迫使当局允许工人每天只工作8小时。

由于芝加哥大罢工的成功，1889年7月14日召开的第二国际第一次大会上，法国代表拉文提议：把1886年5月1日美国工人争取8小时工作制的斗争日定为国际无产阶级的共同节日。

但国际共产主义运动并不能独揽功劳，人类偷懒史另有一条独立脉络。早在19世纪50年代中期，澳大利亚的石匠们就开始为争取8小时工作制斗争。

继1849年美国加利福尼亚发现金矿之后，1851年在澳大利亚也发现了金矿，“淘金热”马上登陆澳洲，造成澳大利亚劳动力短缺、工作强度增加。缩短工作时间成为澳大利亚工人们关心的问题。1855年，澳大利亚的石匠们就在同业公会的框架内率先实现了8小时工作制。到19世纪90年代，澳大利亚基本上实现了8小时工作制。

世界上第一个提出每周5天工作制的也不是导师们，而是大资本家亨利·福特。早在1926年，基于经济考虑，他就在自己的公司里实行了5天工作制。福特认为，如果工人有更多的闲暇时间就会花更多的钱购买自己的产品。随着大萧条的到来，美国内需减少，导致各行业工作时间普遍缩短。在这种情况下，国会顺势通过了每周5天每天8小时的新劳动法规。

西欧资本主义国家在20世纪四五十年代也开始逐渐缩短工时，而工人阶级掌权的东欧各国则在60年代相继加入“每周40小时阵营”。

中国紧跟国际潮流，在1995年5月1日成为世界上第145个每周实行5天8小时工作制的国家。

今天，所有发达资本主义国家都实行5天工作制，绝大多数发展中国家甚至最不发达国家也都愿意给工人阶级每周2天休息时间。

(https://www.jianshu.com/p/e8b6cea144a5)

在这一时期，休闲农业和乡村旅游日益显露出的经济价值吸引了更多的从业者，休闲农业和乡村旅游的活动内容也多样化起来，开始了休闲农业和乡村旅游“量的积累”，产业性初见端倪。休闲农业和乡村旅游进入国家视野，标志着休闲农业和乡村旅游作为一个产业门类其重要性被认可，有意识的政策规范和指导也随之而来，但政策扶持主要体现在节庆活动上，专门针对休闲农业和乡村旅游的政策文件比较少，意味着政策体系还不成熟，对休闲农业和乡村旅游的重视还不够。在休闲农业和乡村旅游政策工具的运用上，政府仍然坚持以强制性工具为主。与此同时，也开始转变政府职能，尝试使用自愿性工具与混合性工具，并扮演规则制定者的角色，由强势的活动管制逐渐转变为促进活动秩序的建立。但由于政府对于自身在休闲农业和乡村旅游发展中应该扮演或正在扮演的角色依然没有清楚的认识，所以这一时期的政府调控是自觉的身份却是模糊的。

3. 扩张时期（2003—2008 年。特点：探索中前进）

这一时期主要有以下事件和发展举措深刻地影响了休闲农业和乡村旅游的发展进程（表 2-2）。

表 2-2　扩张时期重大休闲农业和乡村旅游政策一览表

年份	事　件
2004	中央 1 号文件《中共中央国务院关于促进农民增加收入若干政策的意见》将“三农”问题提到了国家发展战略重点的高度，休闲农业和乡村旅游作为解决“三农”问题的一种有益尝试，受到了各地的高度重视
2005	中共十六届五中全会提出了建设社会主义新农村的重大历史任务
2005	国家旅游局公布首批全国农业旅游示范点（203 个）
2006	中央 1 号文件《中共中央国务院关于推进社会主义新农村建设的若干意见》指出，建设社会主义新农村是全社会的事业。这对休闲农业和乡村旅游赢得全社会的支持、改善环境氛围与基础设施，以及加快自身的全方位发展创造了良好的条件
2006	推出“2006 中国乡村游”主题年，宣传口号为“新农村、新旅游、新体验、新风尚”
2006	国家旅游局发布《关于促进农村旅游发展的指导意见》

（续）

年份	事　件
2007	国家旅游局推出“2007中国和谐城乡游”主题年，宣传口号是“魅力乡村、活力城市、和谐中国”。大力提倡科学利用农业生产、农民生活和乡村风貌等乡村旅游资源，推动乡村旅游的深度发展
2007	2007年国家旅游局和农业部发布《关于大力推进全国乡村旅游发展的通知》，提出充分利用“三农”资源，通过实施“百千万工程”，在全国建成具有乡村旅游示范意义的100个县、1 000个乡（镇）、10 000个村，进一步推动乡村旅游的发展，加快传统农业转型升级，促进农村生态和村容、村貌改善，吸纳农民就业，增加农民收入，为新农村建设做出积极贡献

以上政策可以概括为两点：一是休闲农业和乡村旅游及“三农”问题在政策上的联系更加明确；二是以乡村为主题的旅游年活动兴起，成为引导休闲农业和乡村旅游发展的重要方式。

典型案例

大寨村：发展产业与生态旅游，建设社会主义新农村

大寨是位于山西山区的一个小村庄，现在的人口只有520人，面积1.88平方千米。2005年，大寨经济总收入11 600万元，年人均收入5 500元，远远超过了中国农村人均收入水平。大寨的经济总收入中，农业收入仅占0.3%，工业收入占56%，流通业占10%，服务业，主要是旅游业占30%。

当年的“铁姑娘”郭凤莲1991年11月重新回到大寨担任村党支部书记。上任伊始，郭凤莲在村里的一次大会上沉痛地说：过去是全国学大寨，现在需要的是大寨学全国。在郭凤莲的带领下，大寨重新发展了起来。近年来，大寨村积极推行退耕还林、种草种树，以发展生态为基础，突出观光农业和大寨人文两个特点，达到经济、环境和社会三者效益的统一。过去大寨有800亩地，现在只有400亩，少了一半。为防止水土流失，一些地种了树，搞了绿化，还有一些建工厂占用了。种地的农民也只有不到1/3，许多人进了工厂做工。

大寨的新农村建设对中国许多农村来说很有借鉴意义，而且在中国政府提出新农村建设之前，大寨就已经开始了新农村建设的规划。郭凤莲满怀信心地说：未来几年大寨将向城乡一体化方向发展，工业将走向联合化，产品走向绿色化，环境将走向生态化。

（https：//www.dehuaca.com/forum.php？mod=viewthread&tid=387905&mobile=1）

这一时期，政府依然将经济目标放在首位，将发展休闲农业和乡村旅游视为扩大旅游经济、推动国民经济发展的重要手段。但相较于萌芽时期和发展时期只看重经济效益，这一时期的政府逐渐意识到发展休闲农业和乡村旅游在环境保护、文化传承等方面同样具有非常重要的作用。因此，政府也在探索如何将其生态价值、社会价值最大限度地发挥出来。这一时期的休闲农业和乡村旅游政策是在探索中缓慢前进的。

4. 升级时期（2008年至今。特点：政府角色转型）

2008年以来，休闲农业和乡村旅游在产品样式、管理机制、发展模式、市场规模、市场份额和行业地位等方面都出现了根本性的变化。如图2-1所示，我国休闲农业和乡村旅游的旅游人次与收入逐年攀升，形成很大的行业规模。

休闲农业和乡村旅游在完成了“量”的积累以后，还有待一次“质”的飞跃，以实现休闲农业和乡村旅游的提档升级。这一时期，我国的休闲农业和乡村旅游已进入快速发展期，但粗放的发展方式隐藏了很多隐患，如思想认识欠缺、生态环境恶化、文

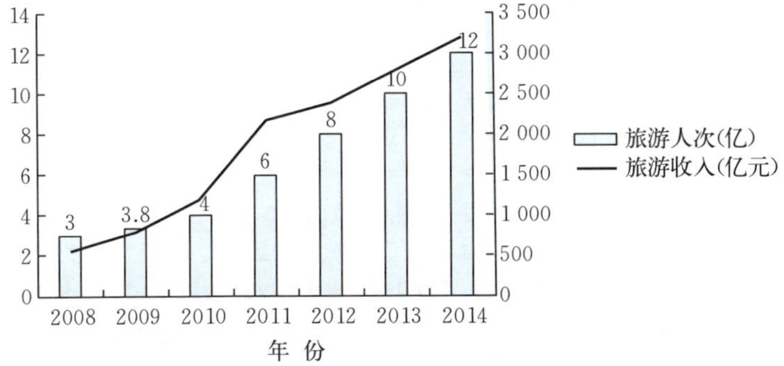

图 2-1　2008—2014 年国内休闲农业和乡村旅游人次/收入增长示意图

化特色不突出、基础设施落后、服务质量参差不齐等。而这些问题在缺乏政策扶持与引导的情况下是很难解决的。因此，休闲农业和乡村旅游的升级需要政策的升级。

自 2008 年以来，关于发展休闲农业和乡村旅游的政策层出不穷，数量之多、规格之高可以说是史无前例的（表 2-3）。

表 2-3　转型时期重大休闲农业和乡村旅游政策一览表

年份	事　件
2009	国家旅游局公布《全国乡村旅游发展纲要（2009—2015 年）》，系统地提出了乡村旅游发展的指导思想、基本原则、发展方向、重点任务和保障措施，乡村旅游进入一个全面发展的时期
2010	中央 1 号文件《中共中央国务院关于加大统筹城乡发展力度进一步夯实农业农村发展基础的若干意见》明确提出，“积极发展休闲农业、乡村旅游、森林旅游和农村服务业，拓展农村非农就业空间”
2010	农业部和国家旅游局印发《关于开展全国休闲农业和乡村旅游示范县和全国休闲农业示范点创建活动的意见》，旨在加快休闲农业和乡村旅游发展，推进农业功能拓展、农村经济结构调整、社会主义新农村建设和促进农民就业增收
2012	党的十八大提出“努力建设美丽中国”的号召，为休闲农业和乡村旅游的发展带来了新的契机

（续）

年份	事　件
2013	国务院办公厅印发《国民旅游休闲纲要（2013—2020年）》，加速了全民休闲旅游的发展
2014	国务院出台《关于促进旅游业改革发展的若干意见》，强调要大力发展乡村旅游脱贫致富的功能，推动旅游产品向观光、休闲、度假并重转变，乡村旅游也进入转型升级、提质增效为主线的快速发展轨道
2015	中央1号文件《中共中央国务院关于加大改革创新力度加快农业现代化建设的若干意见》提出，推进农村一二三产业融合发展，挖掘乡村生态休闲、旅游观光、文化教育价值。同时，高度重视乡村旅游发展，指出要“积极开发农业多种功能，挖掘乡村生态休闲、旅游观光、文化教育价值”
2015	国家旅游局推出“2006中国乡村游”主题年，宣传口号为“新农村、新旅游、新体验、新风尚”
2016	2016年中央1号文件《中共中央国务院关于落实发展新理念　加快农业现代化实现全面小康目标的若干意见》再次提出“大力发展休闲农业和乡村旅游”
2016	国务院印发《全国农业现代化规划（2016—2020）》，提出，要依托农村绿水青山、田园风光、乡土文化等资源，大力发展生态休闲农业，拓展农业多种功能，推进农村一二三产业融合发展
2017	中央1号文件《中共中央国务院关于深入推进农业供给侧结构性改革加快培育农业农村发展新动能的若干意见》明确指出，要大力发展乡村休闲旅游产业，培育宜居宜业特色村镇
2018	中央1号文件《中共中央国务院关于实施乡村振兴战略的意见》在“促进小农户和现代农业发展有机衔接”的内容中，明确提出：“扶持小农户发展生态农业、设施农业、体验农业、定制农业，提高产品档次和附加值，拓展增收空间”

从文件的级别上看，这一时期对休闲农业和乡村旅游的重视

是空前的，政策工具的运用也更灵活。这一阶段的休闲农业和乡村旅游政策不仅综合运用了强制性工具、自愿性工具和混合性工具，而且兼顾了休闲农业和乡村旅游产业各种要素，特别是资本要素，强调休闲农业和乡村旅游的个性化、特色化，而这正对于休闲农业和乡村旅游的提档升级尤为重要。

典型案例

发展休闲农业和乡村旅游　着力打造美丽休闲乡村

鸣沙村位于宁夏中卫市沙坡头区，村北是中国最美沙漠花园腾格里金沙岛，村南是黄河，村西是 AAAAA 级景区沙坡头旅游区。移民新村鸣沙村，全村占地面积 1 289 亩，共有 151 户人家，其中回族 130 户。

鸣沙村党支部及村办企业带领全村群众依托地理优势，专注于休闲农业和乡村旅游业的发展。村中现有林业用地 235 亩、农业用地 420 亩、盐碱地 200 亩。利用林地种植红枣 105 亩，枣树下养殖西北溜达鸡、圈养兔；种植红富士苹果 40 亩；树苗育植园 90 亩；开发 90 亩土地做出了 151 块都市菜园；开发 28 亩盐碱地改挖成国际化标准垂钓赛区；用 173 亩盐碱地建成马术训练区、动物互动区、沙滩摩托体验区，供游客体验娱乐。

鸣沙村休闲农业和乡村旅游产业采用“公司＋村集体＋农户”入股合作模式，以户为单位，深度挖掘油香、馓子、麻花、凉皮、豆腐脑和豆浆等回族特色小吃，打造 40 户农家小作坊。2017 年共接待游客 20 多万人次，营业总收入 500 多万元，村民平均每户增收 1 万～2 万元。鸣沙村还被评为“中国美丽休闲乡村”“中国少数民族特色村寨”“全区民族团结进步创建示范村”等。

（http：//www.nongcun5.com/news/20171223/55945.html）

（三）政策变迁背后所带来的积极变化

通过近半个世纪的发展，休闲农业和乡村旅游政策的发展经历了巨大变迁。从数量上看，休闲农业和乡村旅游政策由少到多；从干预程度来看，由浅入深；从工具运用上看，由单一到综合；从涉及的领域看，由窄到宽。这一系列变化的背后，是休闲农业和乡村旅游产业地位的提升、政府角色的转变、农村产业结构的变化、农村传统文化的凸显、乡村面貌的改观、农民角色的转换。

1. 产业地位的提升

从20世纪80年代到今天，关于休闲农业和乡村旅游的政策在不断发展，同时休闲农业和乡村旅游的产业地位不断上升。虽然休闲农业和乡村旅游的发端国外早于国内，但从一开始我国的休闲农业和乡村旅游就有着浓厚的“中国特色”。因此，对休闲农业和乡村旅游的认识既有对国外先进经验的学习，也有我国休闲农业和乡村旅游实践经验的总结。从开始单纯的增加就业、经济价值，到传承乡土文化、促进城乡一体化、保护生态、建设美丽中国的多种价值，发展休闲农业和乡村旅游的重要性毋庸置疑；从最开始的“副业”，发展休闲农业和乡村旅游不是直接目的，单纯通过发展休闲农业和乡村旅游以利于招商引资、进行商务洽谈接待，到后来成为市场巨大、前景可观、影响深远的重要的朝阳产业，休闲农业和乡村旅游的地位发生了翻天覆地的变化。

2. 政府角色的转变

按照经济学的原理，市场存在着失灵的可能。因此，在市场经济的运行过程中，政府的宏观调控作用就变得十分重要。业界学者普遍认为，政府在产业发展的不同阶段所扮演的角色各不相同。需要在产业发展的初创期、成长期、成熟期根据市场要求，转变政府角色，以满足产业发展各个阶段的需求。在我国，休闲农业和乡村旅游市场同样也经历了从无到有、从弱小到完善的发展过程。政府在休闲农业和乡村旅游的不同发展阶段，根据各自的阶段性特征对其扮演了不同的角色。

典型案例

资阳市采取措施推动休闲农业发展

近年来，四川省资阳市大力发展现代农业，在推动过程中，切实把休闲农业作为现代农业的重要组成部分，采取有力措施加以推进，而且收到了明显成效。

一、科学布局，打造精品园区

围绕雁江晏家坝蔬菜基地打造晏家坝至富家山农业休闲旅游区、雁江20万亩蜜柑打造“佛山橘海”休闲旅游环线、简阳“两湖一山”特色产业带打造“两湖一山”观光农业带、简阳老君樱桃基地打造简阳樱桃沟乡村旅游区、乐至劳动蔬菜基地打造陈毅故里乡村旅游圈、安岳40万亩柠檬基地打造安岳柠檬百里生态旅游长廊这“六大”休闲农业精品园区。

二、业主引进，突出示范效应

各县（市、区）把休闲农业作为农业招商引资的重中之重，出台土地协调、基础设施建设等优惠政策，广泛吸纳社会资金投入休闲农业发展。资阳明苑湖休闲农庄、乐至恒丰生态科技休闲农业园区等集观光、体验、旅游、餐饮、会议于一体，带动本地休闲农业发展和农民增收。

三、政府重视，健全激励机制

市、县两级政府制定并下发了发展休闲农业和乡村旅游的意见，对新评定为全国休闲农业和乡村旅游示范县一次性奖励20万元，省级奖励10万元；对新评定为省级休闲农业和乡村旅游示范乡（镇）、村的分别一次性由县级政府奖励6万元、4万元；对新评定为五星级、四星级的休闲农业园区、休闲农庄、休闲农家分别一次性奖励6万元、4万元，新评定为三星级及以下的酌情奖励。

四、加大宣传，举办节庆活动

充分利用网络、电视、报纸、广告牌等，对各种节会进行广泛宣传，持续举办安岳柠檬花节、简阳樱桃节、乐至桃花节等节会，吸引市内外游客达100万余人次，提高地方知名度。

（http：//ziyang. scol. com. cn/sdxw/content/2013 - 08/12/content _ 51423318. htm? node=111760l）

在我国休闲农业和乡村旅游的初创期，存在巨大的市场空白，政府扮演了开拓者的角色，逐步开放行业准入，引导更多从业者进入该领域，扩大行业规模与市场容量，并完善基础设施建设，改善休闲农业和乡村旅游发展区域的物质基础，对行业的萌芽和初步发展起到了催化作用；在休闲农业和乡村旅游的发展期，市场欠成熟，各种规则制度不完善，市场乱象丛生，因而政府扮演了规制者的角色，引导休闲农业和乡村旅游规范化发展；在休闲农业和乡村旅游发展的扩张期，市场日益成熟，但市场失灵的危害也逐步彰显，同质化竞争严重，这一时期政府扮演了协调者的角色；而在休闲农业和乡村旅游的转型期，市场比较成熟完善，从而政府扮演了“守夜人”的角色，让市场在休闲农业和乡村旅游的发展中发挥更大的作用。但放松不等于放任，目前我国休闲农业和乡村旅游产业的提档升级仍然需要政府提供良好的政策环境。

3. 产业结构的优化

农村产业结构不同于农业产业结构，它是在农村这个特定的经济区域内，根据三次产业在农村的比重对农村经济进行的分类。随着新型城镇化和新型工业化的进一步发展，我国农村经济取得了快速发展，农村产业结构也发生了重大变化。随着农村生产力水平的进一步提高，农村富余劳动力的出现，需要调整及优化农村产业结构，从而促进资源在各产业之间的自由流动与最优配置，最终达到促进经济发展、维护社会和谐稳定、保护生态环境的多赢局面。

实践表明，随着政策的调整，休闲农业和乡村旅游取得了长足的发展，并有效地促进了农村产业结构的调整与优化。实际上，农村产业结构的调整、优化，反过来又激发了政府对休闲农业和乡村旅游政策的调整及优化，进而又促进了休闲农业和乡村旅游的进一步发展，二者之间是作用与反作用的互动关系。

4. 乡土文化的弘扬

费孝通先生在《乡土中国》的开篇就提到："从基层看去，中国社会是乡土性的。"各阶层乃至整个中国社会都具有乡土社会的文化的根。然而，在全球化的浪潮中，在追逐现代化的进程中，源远流长的乡土文化渐渐式微。放眼广大农村地区，农耕文化被替代，传统社会结构土崩瓦解，乡土文化暗淡失落。

典型案例

乡村旅游最具吸引力的是乡愁

3年前，贵州省遵义县枫香镇花茂村还是一个贫困村。通过乡村旅游，如今却迅速地脱贫走向富裕。实际上，花茂村发展乡村旅游，不是靠鲜花、采果，也不是靠避暑纳凉，而是靠乡愁的吸引力。

在村里，改造好的村公路和小路，把一幢幢分散的农房串连起来。这些经过改厕、改厨、改水后的农家，虽然小院及周围都种上了鲜花绿树，环境大为改善，但以前的土围墙、牛圈，甚至前些年土法烤烟的烟房，都保留了下来。

除保留这些“历史遗迹”外，花茂村还唤醒了沉睡的文化。比如陶艺，据说当年茅台酒扬名国际时所用器皿就是该村生产的。通过文化挖掘，既为村里形成了一项产业，又能让游客领略到乡土文化。

正是因为留住了这些记载着“乡愁”的“古迹”，使花茂村一年四季都有旅游“卖点”。村民也通过发展乡村旅游，陆续脱贫致富。

旅游是靠文化来支撑的，乡村旅游也不例外。因此，在发展乡村旅游中，切不可忽视了挖掘乡愁这一最具有吸引力的文化“卖点”。相比之下，目前一些地方在发展乡村旅游时，片面突出鲜花、采果、农家饭这些短期内有吸引力的产品；或在新农村建设中大拆大建，片面地追求向城镇“靠拢”，不仅所建房屋的建筑风格失掉了农村风味，也失掉了乡愁。这种忽视保留、挖掘乡愁文化的情形，必将使乡村旅游失分。

乡愁文化是最具地方特色的一种文化，做好这方面的文章，还可以在一定程度上避免乡村旅游出现同质化竞争，形成各自的特色，用特色来占领乡村旅游市场。

乡村旅游不仅要让游客望得见青山，看得见绿水，更应让游客记得住乡愁。

(http://culture.people.com.cn/n/2015/0729/c172318-27379205.html)

文化是旅游的灵魂，当乡土文化遇到休闲农业和乡村旅游，休闲农业和乡村旅游得到了乡土优秀文化的滋润。实际上，近年来各地纷纷打造出的一系列展现当地乡土民俗的休闲农业和乡村旅游产品，让乡土优秀文化在休闲农业和乡村旅游的蓬勃发展中得到了进一步弘扬与发展。事实上，在2008年之后，乡土优秀文化复兴迎来了它的机遇与挑战：一是在政治层面上，建设生态文明成为中央的政策话语，“绿水青山就是金山银山”和“美丽乡村建设”成为耳熟能详的地方政府施政旗帜和口号；二是在经济层面上，生态农业、乡土优秀文化产业和“乡愁”旅游业蓬勃兴起；三是在社会层面上，“新回乡运动”日益升温；四是在文化层面，中国的农耕文明、社会主义遗产以及诸多显现农民主体性的日常文化实践，正得到越来越多的正面发掘和传播。

5. 农民角色的转换

改革开放以来，中国农民的身份、角色、地位发生了显著的变化。在自然经济向初级商品经济乃至市场经济转变的过程中，我国许多农民完成了由农民向农民工，再由农民工向现代经营者的转变。在传统社会形态下，农村实行自给自足的自然经济形态，农民以自然耕作为主；改革开放以后，大批农村富余劳动力开始转变为农民工，以农业劳动为主，并有“亦工亦农”的兼业性质，也有流入城市成为全职工人，这种角色转变也带来深层次的意识形态变化，由原来自由灵活、相对闲散、无组织约束、自发自觉转变为操作技术性强、时间效率性强、组织纪律性强。一部分先富起来的农民有了开阔的眼界和充足的资金，向现代经营者转型，成为以智力、资金、资源为基础而从事劳动、谋求发展的角色，其意识行为变化特征是自主性和技术性增强。

此外，农民角色也在发生着转换，一大批新型农业经营主体已经出现。休闲农业和乡村旅游是新型农业与旅游业的完美结合，最先完成身份转变的农民促进了休闲农业和乡村旅游的萌发及发展。目前，休闲农业和乡村旅游政策也在促进和帮助更多的人完成这样的转变。

典型案例

中源乡发展“农家乐”旅游纪实

江西省靖安县中源乡从1997年开始，大力鼓励和扶持有条件的农户开办“农家乐”避暑旅游山庄，经过20余年的打拼、升级得到稳步发展。该乡人民武装部部长刘德耀介绍说：“中源气候宜人，生态环境优越，民风淳朴，确实是城里人，尤其是老年人避暑休闲的天堂。目前，该乡登记在册的农家乐接待点有206家，床位达10 102张，旅游旺季入住率达98%以上，节假日、双休日更是一床难求。每年夏季接待前来避暑的游客上万余人次，2017年全年接待游客42万人次，旅游综合收入实现4 230余万元，发挥出农户增收、财政增长、游客满意的品牌效应。我们将进一步整合资源，完善设施，强化服务，拓展产品，大力提升农宿文化旅游的水准，打造出具有中源特色的旅游服务品牌。”

该乡三坪村龙泉山庄老板刘明方深有体会地说：“我过去在外打工，收入不高，回家看到办‘农家乐’旅游有前途，决定回家创业。我将2套房子全部装修做客房，38个床位，现在全部住满；包吃包住，一般每年住3～4个月，一年收入有10多万元。其他人家也有三四万元的，全村150多户都从事‘农家乐’旅游，6 000多个床位，一年的收入可观啊！游客们把这里当成了自己的家乡。”刘老板特意带我们参观了客房和厨房，每个房间放2张床，有电视、被子等；地面是光亮的地板，客、卧、厨、卫设施齐全，不比城里差，有电视、电脑，但没有空调和电扇。一位同事问老板：“怎么没有电扇、空调?”“天天晚上盖被子，要电扇、空调做什么。”老板娘不以为然地介绍说。

厨房像个大食堂，大锅炒菜，特有的木桶蒸饭，分餐制，客人连吃带住900元一个月。当问及一位白发苍苍的老大爷："住得习惯么?"老大爷笑呵呵地告诉说："我在这住了10个夏天，住在这里不舍得回去，明年还要来。"身边一位老大爷接着说："我也来了8个热天。"

为进一步做大做强"农家乐"旅游项目，中源乡党委、政府组建起"农家乐"旅游协会，引导更多的农户加入旅游行业，并由协会对"农家乐"内部管理与经营进行指导，加强监督、评比，推进合理经营，防止滥价损害游客与业主的正当权益，环境卫生也得到了极大改善，服务水平明显提高。与此同时，该乡通过"公司＋农户""互联网＋"、托管、代管、网上订房等全新的管理模式，并引进了沁庐云中民宿公司参与管理和经营"农家乐"旅游。该公司经理刘贤新津津乐道地说："我们公司对有房无客源的山庄农户免费帮助他们引来客人，有房不会经营进行合作经营或托管经营，目前已合作托管70余户，1 200多张床位，既满足了游客的需求，又解决了客源不足的问题，使游客非常满意。"

为了真正体现该乡"农家乐"旅游特色，各"农家乐"山庄办起了各具特色的文化项目，满足游客的需求，有当地戏曲演出、书法展演、竹雕字画、诗词创作、农家点心制作；春季采茶、挖笋，夏季采杨梅、野菜、登山、漂流、钓鱼，秋天打板栗、秋收、采摘；还开展健身操、太极拳、广场舞、乒乓球、羽毛球、篮球、柔力球等丰富多彩的健身活动，使游客们乐意来、留得住、再回头。游客们还自己种菜，做农活等，丰富了游客的生活内容。人气、名气的提升，使中源乡的乡村旅游健康快速发展，并取得了良好的社会效益和经济效益，美丽的山乡成为了可持续发展的最大本钱，护美了绿水青山，做大了金山银山，从而成为江西省AAAAA级乡村旅游示范点。

(http://jxyc.jxnews.com.cn/system/2017/08/16/016343392.shtml)

三、土地政策

熟悉用地的相关规定，有助于休闲农业和乡村旅游项目的顺利落地，对休闲农业和乡村旅游产业的发展尤为重要。因此，发展休闲农业和乡村旅游，一定要熟悉国家有关土地的政策规定，按规定规划和使用，才能推动休闲农业和乡村旅游的长期稳定发展。目前，国家的土地政策对支持休闲农业和乡村旅游发展越来越具有倾向性。2015 年，国家明确提出了休闲农业的用地政策。在耕地保护的制度前提下，对创收能力强、发展前景好的休闲农业项目用地，在土地利用总体规划中优先安排。支持闲置宅基地、村内集体建设用地和“四荒地”作为休闲农业发展用地，并加快制定乡村居民依法从事旅游经营的管理办法。

（一）生产用地

发展休闲农业离不开农产品生产，规划设计和在园区进行功能布局时，一般应规划出生产区、种植采摘区、引种区等区域，这些都是休闲农业园区的农业生产用地。这些土地如何取得，在使用时又有哪些限制？

典型案例

有志青年返乡做“庄主”

“我有一个梦想：把我的家乡变成一个巨大的生态庄园，山清水秀、瓜果飘香、美丽富饶，如世外桃源一般……”河北省卢龙县“80 后”青年冯磊如是说。

冯磊今年29岁，是卢龙镇招军屯村人，身材高大魁梧、皮肤黝黑，说起话来总是带着憨厚的笑容。让家乡成为世外桃源是他的梦想，而勤劳的双手、坚韧的毅力则是他打开梦想之门的“金钥匙”。

冯磊自幼生长在府君山脚下，对这片山水怀有特殊的感情。长大后，随着父亲走南闯北做生意，增长了见识、开阔了眼界，也越发感觉家乡也可以建设得更加美好。“我在外边看见不少地方都在做乡村生态游项目，吸引了不少游客。我的家乡有山有水、交通便利，如果建成一个生态庄园，既能改善环境，又能增加收入，不是很好吗?”冯磊说出了他的初衷。

冯磊的想法得到了父母的认可和支持，并拿出钱来让他大展拳脚。2011年，通过土地流转，冯磊承包了府君山山场、附近山地和冯家沟水库，共计230多亩，准备打造府君山生态农业观光园。作为试验，他在当年栽下了50多亩短枝富士苹果树，放养了2万多尾鱼苗，逐步摸索种植、养殖的经验。通过刻苦的学习和反复的试验，冯磊掌握了果树栽植管理、水产养殖的技术，成了行家里手。随后几年，冯磊陆续扩大林果面积，又栽上了苹果、桃、核桃、大樱桃等，林果面积达到160亩。同时，他建了农家餐厅，又建了养殖场，养上了牛、马、羊、鸡、鹅，一个集观光采摘、休闲垂钓、餐饮娱乐、农耕体验为一体的生态庄园初步成型。

（http：//www.farmer.com.cn/sh/xxny/dts/201605/t20160503_1203587.htm）

案例点评

近年来，随着“大众创业、万众创新”的不断深入推进，越来越多的农民工、大学生、退役士兵、科技人员返乡下乡创业。在选择休闲农业和乡村旅游作为创业项目时，坚持以市场需求为导向，充分利用当地资源，发挥自身优势，按照规定合理取得休闲农业用地，使自己实现了创业梦想。

政策依据

《中共中央、国务院关于落实发展新理念加快农业现代化 实现全面小康目标的若干意见》（中发〔2016〕1号）。

《中共中央办公厅、国务院办公厅印发〈关于完善农村土地所有权承包权经营权分置办法的意见〉的通知》（中办发〔2016〕67号）。

《国务院关于坚决制止占用基本农田进行植树等行为的紧急通知》（国发明电〔2004〕1号）。

《农业部、国家发展和改革委员会、国土资源部、住房和城乡建设部、水利部、文化部、中国人民银行、国家税务总局、国家林业局、国家文物局、国务院扶贫办等11部门关于积极开发农业多种功能大力促进休闲农业发展的通知》（农加发〔2015〕5号）。

政策解析

1. 土地取得

2015年底印发的2016年中央1号文件提出，要“大力发展休闲农业和乡村旅游。”并指出：“依托农村绿水青山、田园风光、乡土文化等资源，大力发展休闲度假、旅游观光、养生养老、创意农业、农耕体验、乡村手工艺等，使之成为繁荣农村、富裕农民的新兴支柱产业。强化规划引导，采取以奖代补、先建后补、财政贴息、设立产业投资基金等方式扶持休闲农业和乡村旅游业发展，着力改善休闲旅游重点村进村道路、宽带、停车场、厕所、垃圾污水处理等基础服务设施。积极扶持农民发展休闲旅游业合作社。引导和支持社会资本开发农民参与度高、受益面广的休闲旅游项目。加强乡村生态环境和文化遗存保护，发展具有历史记忆、地域特点、民族风情的特色小镇，建设一村一品、一村一景、一村一韵的魅力村庄和宜游宜养的森林景区。依据各地具体条件，有规划地开发休闲农庄、乡村酒店、特色民宿、自驾露营、户外运动等乡村休闲度假产品。实施休闲农业和乡村旅游提升工程、振兴中国传统手工艺计划。开展农业文化遗产普查与保护。支持有条件的地方通过盘活农村闲置房屋、集体建设用地、‘四荒地’、可用林场和水面等资产资源发展休闲农业和乡村旅游。将休闲农业和乡村旅游项目建设用地纳入土地利用总体规划和年度计划合理安排。”

2016 年 10 月，中共中央办公厅、国务院办公厅印发的《关于完善农村土地所有权承包权经营权分置办法的意见》提出：要“完善‘三权分置’办法，不断探索农村土地集体所有制的有效实现形式，落实集体所有权，稳定农户承包权，放活土地经营权，充分发挥‘三权’的各自功能和整体效用，形成层次分明、结构合理、平等保护的格局。”“在完善‘三权分置’办法过程中，要充分维护承包农户使用、流转、抵押、退出承包地等各项权能。承包农户有权占有、使用承包地，依法依规建设必要的农业生产、附属、配套设施，自主组织生产经营和处置产品并获得收益；有权通过转让、互换、出租（转包）、入股或其他方式流转承包地并获得收益，任何组织和个人不得强迫或限制其流转土地；有权依法依规就承包土地经营权设定抵押、自愿有偿退出承包地，具备条件的可以因保护承包地获得相关补贴。承包土地被征收的，承包农户有权依法获得相应补偿，符合条件的有权获得社会保障费用等。不得违法调整农户承包地，不得以退出土地承包权作为农民进城落户的条件。”“赋予经营主体更有保障的土地经营权，是完善农村基本经营制度的关键。土地经营权人对流转土地依法享有在一定期限内占有、耕作并取得相应收益的权利。在依法保护集体所有权和农户承包权的前提下，平等保护经营主体依据流转合同取得的土地经营权，保障其有稳定的经营预期。在完善‘三权分置’办法过程中，要依法维护经营主体从事农业生产所需的各项权利，使土地资源得到更有效合理的利用。经营主体有权使用流转土地自主从事农业生产经营并获得相应收益，经承包农户同意，可依法依规改良土壤、提升地力，建设农业生产、附属、配套设施，并依照流转合同约定获得合理补偿；有权在流转合同到期后按照同等条件优先续租承包土地。经营主体再流转土地经营权或依法依规设定抵押，须经承包农户或其委托代理人书面同意，并向农民集体书面备案。流转土地被征收的，地上附着物及青苗补偿费应按照流转合同约定确定其归属。承包农户流转出土地经营权的，不应妨碍经营主体行使合法权利。加强对土地经营权的保护，引导土地经营权流向种田能手和新型经营主体。支持新型经营主体提升地力、改善农业生产条件、依法依规开展土地经营权抵押融资。鼓励采用土地股份合作、土地托管、代耕代种等多种经营方式，探索更多放活土地经营权的有效途径。”

2015 年 8 月，农业部等 11 部门 2015 年 8 月印发的《关于积极开发农业多种功能大力促进休闲农业发展的通知》中，鼓励利用“四荒地”发展休闲农业。“四荒地”是我国农村较为丰富的土地资源，包括依法归农民集体使用的“四荒地”和农民集体经济组织所有的“四荒地”，具体为荒山、荒沟、荒丘、荒滩等未利用的土地，属于现行经济环境中未得到充分、合理、有效利用的土地。“四荒地”使用权承包、租赁或拍卖的期限最长不得超过 50 年。

2. 用地限制

发展休闲农业，不得占用基本农田。基本农田俗称“吃饭田”“保命田”，其重要程度不言而喻。2004 年 3 月，国务院《关于坚决制止占用基本农田进行植树等行为的紧急通知》对于基本农田提出了“五不准”的明确规定：①不准占用基本农田进行植树造林、发展林果业和搞林粮间作以及超标准建设农田林网；②不准以农业结构调整为名，在基本农田内挖塘养鱼、建设用于畜禽养殖的建筑物等严重破坏耕作层的生产经营活动；③不准违法占用基本农田进行绿色通道和城市绿化隔离带建设；④不准以退耕还林为名违反土地利用总体规划，将基本农田纳入退耕范围；⑤不准非农建设项目占用基本农田（法律规定的国家重点建设项目除外）。因此，在进行休闲农业开发的过程中，必须弄清楚其是否占用基本农田。

（二）建设用地

我国农业进入黄金期的10余年来，不少企业老板先后转型发展休闲农业和乡村旅游。然而，在实际中大多数老板都表示：干休闲农业和乡村旅游的瓶颈之一，就是建设用地指标紧缺。如何获得休闲农业和乡村旅游建设用地？哪些行为会触碰土地使用政策的“红线”呢？

典型案例

休闲农业项目切莫“跟着感觉走”

来自山东的李老板遇到了这样的问题：从房地产转型搞休闲农业，前期拿地时并不了解用地标准，以1 400元/亩的高价流转了350亩农用地30年。准备上项目时，却被当地政府告知没有建设用地不可开展休闲农业项目。李老板傻了眼，高价流转的土地并没有准备从事农业生产，而申请土地变性的指标迟迟下不来，流转的土地成了烫手的山芋。

（http：//www. sohu. com/a/200150587 _ 266939）

案例点评

做休闲农业项目不能“跟着感觉走”，要在拿地之前对所选之地的性质和用途有准确的认识，做好充分的休闲农业规划。各地区国土资源部门都会制定土地利用总体规划，规划会规定土地用途，明确土地使用条件，土地所有者和使用者必须严格按照规划确定的用途和条件使用土地；此外，还会确定土地利用年度计划，对年度内新增建设用地量、土地开发整理补充耕地量和耕地保有量等做出具体安排。休闲农业开发必须要明确当地土地规划中园区所占土地的用途，符合规划使用条件的要积极争取土地建设使用指标，以满足休闲农业园区对建设用地的要求。

以农业为依托的休闲观光项目用地须按建设用地进行管理。以农业为依托的休闲观光度假场所、各类庄园、酒庄、农家乐，以及各类农业园区中涉及建设永久性餐饮、住宿、会议、大型停车场、工厂化农产品加工、展销等用地，必须依法依规按建设用地进行管理，而不是按农用地管理。建设用地管理必然涉及农用地转用审批手续，农业设施兴建之前为耕地的，非农建设单位还应依法履行耕地占补平衡义务。

休闲农业开发中，以下“擦边球”形式都会触碰土地使用政策的红线，存在很大不确定性和风险。一是用设施农用地的名义直接进行餐饮住宿的建设；二是以建设临时生产用房名义进行修建；三是修建水泥柱，将建筑物腾空，以满足不破坏耕作层的要求；四是修建木屋或钢架房，即使查处也能低成本拆除；五是建设温室大棚生态餐厅；六是用可移动的集装箱和房车进行餐饮住宿活动。

中共十九大做出实施乡村振兴战略的决策部署，是新时期做好“三农”工作的重要遵循。为全面贯彻落实十九大精神和中央有关要求，深入推进农业供给侧结构性改革，做好农村一二三产业融合发展的用地保障，政府相关部门出台了相关文件，对休闲农业建设用地进一步做了明确规定。

政策依据

《国土资源部、国家发展和改革委员会关于深入推进农业供给侧结构性改革，做好农村产业融合发展用地保障的通知》（国土资规〔2017〕12 号）。

政策解析

2017 年 12 月，国土资源部、国家发展和改革委员会联合下发的《关于深入推进农业供给侧结构性改革，做好农村产业融合发展用地保障的通知》，涉及休闲农业建设用地的内容主要包括：

一是发挥土地利用总体规划的引领作用。各地区在编制和实施土地利用总体规划中，要适应现代农业和农村产业融合发展需要，优先安排农村基础设施和公共服务用地，乡（镇）土地利用总体规划可以预留少量（不超过5%）规划建设用地指标，用于零星分散的单独选址农业设施、乡村旅游设施等建设。

二是加强建设用地计划指标支持。安排一定比例年度土地利用计划，专项支持农村新产业新业态和产业融合发展。对利用存量建设用地进行农产品加工、农产品冷链、物流仓储、产地批发市场等项目建设或用于小微创业园、休闲农业、乡村旅游、农村电商等农村二三产业的市、县，可给予新增建设用地计划指标奖励。

三是鼓励土地复合利用。围绕农业增效和农民增收，因地制宜保护耕地，允许在不破坏耕作层的前提下，对农业生产结构进行优化调整，仍按耕地管理。鼓励农业生产和村庄建设等用地复合利用，发展休闲农业、乡村旅游、农业教育、农业科普、农事体验等产业，拓展土地使用功能，提高土地节约集约利用水平。

（三）宅基地

当前，在许多欠发达地区的乡村，因为进城务工人员增多，大量宅基地长期闲置。如何盘活和利用这些宅基地资源，是一项关乎乡村振兴和农民收入的重要问题。

典型案例

浙江德清曹水英：从山村农妇变身民宿大管家

炎炎夏日，浙江省德清县莫干山麓的“涧栖客栈”民宿迎来了全年最忙碌的季节。避暑客人源源不断，食宿营业天天红火，让63岁的民宿大管家曹水英喜上眉梢却又应接不暇，每天都要从天亮忙到深夜。

“没想到这把年纪还会这么忙！”曹水英感慨：“我年轻时候忙是为吃饱饭，现在忙是为了让小辈人过上幸福生活。”

10 多年前，曹水英世代务农的德清县莫干山镇劳岭村还是当地出了名的穷山村，许多青壮年村民纷纷进城打工。浙江“美丽乡村”建设带动了当地的乡村旅游和民宿经济。2016 年 7 月，青山环抱中的“涧栖客栈”开门迎客，这是由曹水英的女儿和女婿将自家农房改装的一家乡村度假民宿。平日，小两口外出上班，曹水英不仅“管家”，还要管待客、烹饪、保洁……而在节假日，全家人总是忙得不亦乐乎。

曹水英曾在德清县的两家高端民宿做过 6 年服务员。当时，她一边埋头苦干，一边悄悄留神大厨掌勺和待客之道，并悟出了“和气生财”的开店秘诀。“涧栖客栈”的生意风生水起，曹水英说，开张一年来，仅有 7 房 12 个床位的客栈已盈利 50 多万元，平均每张床创收 4 万多元！

近年来，德清县坚持“绿水青山就是金山银山”的发展理念，努力将当地“绿水青山”的生态优势转化为建设“金山银山”的现实生产力。据统计，该县 2017 年上半年乡村旅游接待游客 318.5 万人次，营业收入 8.92 亿元。

(http：//www. xxnyw. cn/news/renwu/1504. html)

案例点评

所谓宅基地，指的是村集体给本集体内部村民使用的、用来建房的土地，是目前农村集体建设用地中的“大头”。有统计显示，我国约有 19 万平方千米的农村集体建设用地，其中宅基地约占 13 万平方千米。利用农民自己的住宅和宅基地兴办“农家乐”和民宿，民房变客房，让农村闲置的土地利用起来，让农民闲暇的时间充实起来，让富余的劳动力流动起来，提高了农民的资产性收入和工资性收入。

政策依据

《农业部等 11 部门关于积极开发农业多种功能大力促进休闲农业发展的通知》（农加发〔2015〕5 号）。

《国土资源部、国家发展和改革委员会关于深入推进农业供给侧结构性改革做好农村产业融合发展用地保障的通知》（国土资规〔2017〕12 号）。

政策解析

2015 年 8 月，农业部等 11 部门印发的《关于积极开发农业多种功能大力促进休闲农业发展的通知》明确规定支持农民发展农家乐，闲置宅基地整理结余的建设用地可用于休闲农业。因此，在进行休闲农业开发中要充分利用农民自有住宅、闲置宅基地。

2017 年 12 月，国土资源部、国家发展和改革委员会印发的《关于深入推进农业供给侧结构性改革，做好农村产业融合发展用地保障的通知》规定，在充分保障农民宅基地用益物权、防止外部资本侵占控制的前提下，探索农村集体经济组织以出租、合作等方式盘活利用空闲农房及宅基地，按照规划要求和用地标准，改造建设民宿民俗、创意办公、休闲农业、乡村旅游等农业农村体验活动场所。

综上所述，农村土地不仅仅是耕地，还有农民的宅基地、农村集体建设用地、四荒地等。我们在发展休闲农业和乡村旅游的过程中，要充分利用好这些土地，盘活农民宅基地、村集体建设用地资产，创造更高的土地经济价值。同时，这些土地的开发和利用，对增加农民的资产性收入也可以发挥很大的作用。

四、财政政策

财政政策是国家整个经济政策的重要组成部分。它是国家根据一定时期政治、经济、社会发展的任务而规定的财政工作的指导原则，通过财政支出与税收政策的调整变动来影响和调节总需求进而影响就业和国民收入的政策。为了促进休闲农业和乡村旅游的发展，国家和地方各级政府采取了一系列财政补贴和税收优惠政策，支持休闲农业和乡村旅游产业的发展。

（一）财政补贴政策

我国关于休闲农业发展的“十二五”规划就提出了增加政府投入的保障措施：一是要求地方政府加强对休闲农业发展的政策扶持；二是必须综合考虑休闲农业公共基础设施建设；三是条件成熟的地区，设立关于支持休闲农业发展的基金会，用于该产业的前期推动、中期提升和后期保障。近年来，各级农业部门按照中共中央、国务院部署要求，坚持统筹规划、强化政策创设、加大公共服务，推动休闲农业和乡村旅游发展呈现良好发展态势。2018 年中央 1 号文件《中共中央国务院关于实施乡村振兴战略的意见》要求建立健全实施乡村振兴战略财政投入保障制度，公共财政更大力度向“三农”倾斜，确保财政投入与乡村振兴目标任务相适应。休闲农业和乡村旅游作为农村一二三产业融合发展的新业态，是实施乡村振兴战略的重要途径之一，财政政策支持必不可少。

典型案例1

湘潭成立现代农业产业发展基金 打造“金融+现代农业”航空母舰

为加快推进湘潭市国家现代农业示范区建设，湘潭市人民政府决定由市农委牵头，以市产业集团为平台，组建一支现代农业产业发展基金。经过半年多的筹备，2016年12月15日，“湘潭现代农业产业发展基金”正式成立，在湘潭“三农”工作历史上具有里程碑意义。

湘潭现代农业产业发展基金总规模50亿元，首期出资8亿元。其中，由银行作为优先级有限合伙人，按90%的比例出资7.2亿元；湘潭农业产业发展投资有限公司作为劣后级有限合伙人，按9.99%的比例出资0.799 2亿元；通过公开招标确定的基金管理公司作为普通合伙人，按0.01%的比例出资0.000 8亿元。普通合伙人为基金管理人。

基金主要投向公益性项目、准公益项目、现代农业示范园（片）项目等，按照资金成本、投资项目、收益分配及回购退出的相关规定，首批资金成本控制在5.5%以内。首期投资主要用于农田水利、农村设施、生态环境、供水节水、排污治污及现代农业示范园建设等项目。合作金融机构不参与基金投资运作的溢价分红，由市、县（市）区级政府以回购基金份额的形式实现湘潭农业产业发展投资有限公司和合作金融机构的退出。

目前，湘潭市设立了现代农业产业发展基金投资决策委员会。项目投资决策的主要流程是，基金管理人对已入库项目进行尽职调查和评估，然后交由基金管理人决策机构进行评估决策，再提交给农业基金的投资决策委员会决策，根据市级政府性投资基金管理办法的规定，履行相关的审批程序后，由农发投公司负责农业项目的建设、运营管理，基金管理人负责投后管理和项目监督。涉及全市经济发展的重大项目投资以及基金运作的宏观事项，还须提交市投资决策委员会进行决策后执行。

（http：//news. xtol. cn/2016/1223/5097058. shtml）

案例1点评

成立现代农业产业发展基金，强化了国家现代农业示范区的动力引擎，能够充分发挥财政资金的杠杆功能、引导作用和征信效应，引入和撬动更多的社会资本投向农业农村，为国家现代农业示范区建设提供充足的资金保障。通过基金实现工作项目化，加快推进财政资金由“直接无偿投入”向“间接引导撬动”转变，引导金融、社会资本投入农业，充分发挥财政资金“四两拨千斤”的作用。

典型案例2

立体养殖摘穷帽　休闲农业奔富路

2018年1月6日，在海南省定安县新竹镇白堆村南华养殖专业合作社的办公室里，白堆村党支部书记、合作社负责人李南华谈起上月底在北京参加全国农业工作会议的经历，仍然兴奋不减。在会上，这个朴实的农家汉子捧回了全国农业劳动模范的荣誉。但在他看来，“荣誉远远没有责任重”。

“参加这次会议，我不是去领奖，而是去学习的。”李南华说，党的十九大报告明确提出“实施乡村振兴战略”，把农业农村农民问题定位为关系国计民生的根本性问题。作为一个农民，如何参与到乡村振兴的建设中是他最关心的问题。

说起乡村振兴，李南华有太多的感慨与希望。他的家乡白堆村坐落在定安县域的最西北。过去，村庄位置偏僻，人们观念落后，产业单一，仅靠种植水稻、番薯和小叶桉树为主，收入微薄，共有430户人口的白堆村，就有227户贫困户，贫困发生率高达52.8%。没有致富产业和强力经济支撑，村民连温饱问题都难以解决，何谈乡村振兴？穷则思变，李南华不断寻找发展机遇——绿树成荫和连绵起伏的丘陵，是白堆村的天然屏障，依山傍水是养殖的最佳避风港。说干就干，2008年，李南华在村里建起了合作社，先后投入超百万元，发展起“岸上养猪、水面养鹅、水下养鱼”的立体养殖模式。

“这样的尝试，不仅盘活了贫瘠落后的小山村的资源，也让村民们看到了增收致富的希望，从而吸引他们加入到产业发展的队伍中来。”李南华介绍，8年来，合作社陆续带动周边乡村的530户贫困户脱贫。仅在白堆村，贫困发生率就降到了5.28%，现在村里的贫困户只剩下32户。“2017年底，合作社养殖的定安黑猪还成功打入广东市场，成为儿童级食品超市‘爱百邻’的指定供应商。”

在产业的建设中，白堆村人均收入从2007年的2 300元增加至2016年的7 880元，这让李南华看到了乡村经济崛起的希望。最让他开心的是，不少村民在合作社得到技术和销路，尝试“单干”发展养殖。

有了支撑产业，乡村振兴下一步该如何发展？李南华说，十九大报告中提到要坚持人与自然和谐共生，要像对待生命一样对待生态环境。村民们将践行绿水青山就是金山银山的理念，以绿色生态的发展方式推进产业升级。

“未来，我想带领村民探索休闲农业建设。”李南华谋划着以“合作社＋农户”的模式，通过土地入股，统一规划、建设的模式，发展休闲生态农业，实现产业升级，“以十九大报告为指引，苦干实干，实现乡村振兴！”

（http://www.hainan.gov.cn/hn/zt/szrdl/swjjgzhy/zxfb/201801/t20180109_2522426.html）

案例2点评

近年来，国家为了减轻农民的负担、增加农民的种地收入，实施了不少的惠农政策，最直接的就是给农民发放各种补贴，包括“种粮农民直接补贴”“农资综合补贴”和“农作物良种补贴”。现在这三项补贴已经合并为一个补贴，称作“农业支持力度保护补贴”，这一补贴，就是农民口中常说的农业补贴。发展休闲农业和乡村旅游，同样离不开政府主导和财政支持，休闲农业企业（园区）可以依托自身农业优势产业向政府各个部门申请财政补贴。经营者可通过各种渠道（政府网站、专业协会、培训、规划、设计咨询机构、微信、微博、新闻媒体等）密切关注相应政策，根据政策与对口部门要求，积极准备好各种申报材料。

政策依据

《农业部等14部门关于大力发展休闲农业的指导意见》（农加发〔2016〕3号）。

《农业部办公厅关于推动落实休闲农业和乡村旅游发展政策的通知》（农办加〔2017〕15号）。

政策解析

2016年7月，农业部等14部门印发的《关于大力发展休闲农业的指导意见》在“保障措施”中提到，强化政策落实创设，鼓励各地采取以奖代补、先建后补、财政贴息、设立产业投资基金等方式加大财政扶持力度。各地要加大投资力度，组织实施休闲农业和乡村旅游提升工程，推动休闲农业和乡村旅游的提档升级。

因此，针对休闲农业和乡村旅游产业投资大、项目资金回收周期长等问题，通过设立休闲农业和乡村旅游产业投资基金，可以解决休闲农业和乡村旅游产业发展资金短缺的瓶颈，以政策扶持资金作为“种子”资金，综合运用多种金融工具，以社会效益为主、兼顾经济效益，以点带面，促进、带动和引导社会各方面资本对休闲农业和乡村旅游领域的投入。

产业投资基金是一个新生事物，运作时注意避免以下问题：一是拿了涉农补贴或引导资金后投入其他用途；二是政府成立的产业基金，没有产业和资本的支撑，名为债权实为贷款等。

2017 年 5 月，农业部办公厅印发的《关于推动落实休闲农业和乡村旅游发展政策的通知》要求，在财政政策上探索采取以奖代补、先建后补、财政贴息、设立产业投资基金等方式加大财政扶持力度。补贴种类如下：

1. 休闲农业园区可以申请的补贴

基础设施方面：着力改善休闲旅游重点村进村道路、宽带、停车场、厕所、垃圾污水处理等基础服务设施。

所有的农庄基础设施建设都可以向政府申请解决，但是有一点需要注意：要在农庄建设之前就需要与政府沟通，最好先以农庄建设项目申请立项。如果建好后再申请，恐怕就很难拿到建设资金了。

休闲农业方面：农业部门的一二三产业融合项目重点支持发展休闲农业的园区。国家和各省每年都会评定休闲农业示范点、示范园区等经营好的农庄典范，农庄都可以进行申报，但是要达到园区 80 亩以上。

2. 不同类型的休闲农业园区可申请的补贴

（1）依托林果业、设施蔬菜水果的观光采摘类休闲农业。如果是设施农业，可以申报的补贴种类包括棚膜补贴、滴灌和打井补贴、设施农业建设补贴等；承包山林地的林果业及观光农业，则可以申请造林补贴、退耕还林补贴、水利和道路建设补贴等。

（2）科技示范园等观光与科普一体的休闲农业。这类休闲农业项目包括科技示范园、物流商贸园等形式，既可以申报技术方面的扶持，也可以申请农业方面的扶持。因此，可申报的资金扶持种类包括：发展改革部门的冷链物流项目、商贸流通重点支持项目、农业部门农产品产地初加工补助项目、农业科技推广示范项目、科技成果转化项目等。

（二）税收优惠政策

在中央相关文件指导下，形成了多项关于大力促进休闲农业和乡村旅游发展及积极开发农业多种功能的通知，其中涉及休闲农业和乡村旅游发展的税收优惠政策。只要符合优惠条件的经营主体，皆可按相关程序享受税收政策红利。例如，《全国休闲农业发展“十二五”规划》的通知，就有提出各级政府要重视加强相关政策对休闲农业和乡村旅游发展的衔接力度，可以适当减免相关营业税，并对初级农产品及其加工品实施免税，享受农业生产的用电优惠等政策。

典型案例1

减免涉农税收　助推农业供给侧结构性改革

四川地税便民春风行动——4月的川南，天气回暖，在珙县巡场镇龙茶花海农业产业园里，万亩茶树一片葱茏，万朵茶花争奇斗艳。茶花景观体验、茶花文化展示、户外拓展等系列休闲农业项目，引来无数游人在此流连。“以前是我们跑到税务大厅咨询办税，现在是税务人员走到田埂上为我们办业务。”龙茶花海旅游开发有限公司的财务负责人秦建宏表示，地税部门主动上门宣传涉农税收优惠，帮助企业及时走出困境，在农业产业化的道路上走得更稳。秦建宏的感受是全省地税系统积极帮助涉农企业“应享尽享”税收优惠政策，助推农业供给侧结构性改革的一个缩影。近年来，全省各种农家乐、乡村休闲观光等产业方兴未艾，农场主、种粮大户、合作社等新型农业主体不断涌现。对此，我省地税部门快速响应，因情施策，从优化服务和落实优惠政策两方面，多角度发力，引导企业开展农业供给侧结构性改革，助力我省从农业大省到农业强省的转变。

“短短几个月，减税17万多元！”广安市武胜县昊农蔬果专业合作社负责人杨宏感慨，在地税部门的帮助下，享受到国家税收优惠政策，使合作社发展迅猛，年销售总值一举突破500万元。武胜县昊农蔬果专业合作社位于武胜县白坪飞龙乡村旅游度假区，是一家集甜橙、柠檬、葡萄、草莓等水果种植、加工、销售于一体的农业专业合作社，种植面积2 000余亩。2016年实施“营改增”以来，已享受增值税、企业所得税、城建税等税收优惠17万余元。在四川，昊农蔬果专业合作社并非孤例，大量企业受益于涉农优惠政策。仅在2017年一季度，巴中市通江县国地税就为“巴山牧业”“犁夫”“鹦歌庄园”“山霸王”等农村企业、产业园、农家乐兑现各类税收优惠政策共计560万元，有效减轻了农村创业者的税收负担，使更多的资源投入技术更新、人才培训，推动了农村产业结构发展升级，使税收惠农的春风吹遍广大乡村创业的每一片土地。

(http：//epaper. scdaily. cn/shtml/scrb/20170425/161620. shtml)

案例1点评

目前，国家针对农业税收政策方面的优惠包括免征增值税，免征、减征企业所得税，同时对印花税、土地使用税、房产税、耕地占用税、车船税、购置税、契税等多税种进行优惠减免。对于符合在城镇土地使用税征收范围内经营农业产业、产品的单位和个人免征土地使用税。这些税收优惠政策的灵活运用，引导企业培育新型农业经营主体和服务主体，通过释放更多的资源，助推涉农企业进行产业改造升级。

典型案例 2

甘肃："农家乐"月收入低于3万元的免征营业税

开展乡村旅游富民工程是实现绿色发展的重要内容，是探索"旅游+"的重要方式，省发改委、省旅游局等七部门2016年4月向全省印发《甘肃省开展乡村旅游富民工程推进旅游扶贫工作实施方案》(下称《方案》)称，对从事"农家乐"、观光农业等旅游行业的营业税纳税人，月营业额小于3万元的，免征营业税、教育费附加。

《方案》指出，各地要围绕"12556"全省旅游产业发展目标，依托良好的生态环境和优美的自然山水，开发以绿色景观和田园风光为主题的山水生态观光型乡村旅游；依托中医药养生、温泉养生和藏医药养生资源，开发以"住生态屋、吃养生餐、喝长寿水"为主题的养生休闲度假型乡村旅游；依托丰富的农、畜、牧业生产资源，开发以"吃农家饭、住农家院、干农家活、摘农家果、品农家乐"为主题的农业观光体验型乡村旅游；依托浓郁的民族文化和独特的乡村民俗资源，开发以民俗风情、民族文化节庆和少数民族传统体育运动为主题的民俗文化体验型乡村旅游；依托光辉灿烂的红色文化资源，开发以"走红军路、吃红军饭、唱红军歌"为主题的爱国主义和革命传统教育红色旅游。依靠当地的能工巧匠、民间艺人，采取定点生产经营、"公司+农户+互联网"等方式，加大当地传统手工艺品的加工、生产和销售力度，打造特色旅游产品品牌。加强对当地丰富的传统风味食品、药用保健品、土特产品的深加工、储藏、保鲜、提炼，拉长乡村旅游商品产业链。

对从事"农家乐"、观光农业等旅游行业的营业税纳税人，月营业额小于3万元的，免征营业税、教育费附加。对符合条件的小型微利旅游企业，年应纳税所得额低于 30 万元（含 30 万元）的，其所得减按 50%计入应纳税所得额，按 20%税率缴纳企业所得税。乡村旅游开发并在农村经营的个体工商户，在税费方面按规定给予优惠。

（http://www.cntour2.com/viewnews/2016/04/16/DVP48TvPJ95yTVX9mzyn0.shtml）

案例 2 点评

目前，“农家乐”需要缴纳的税费主要有增值税及附加税费、个人所得税、房产税和城镇土地使用税。虽然“农家乐”对税收收入的贡献不大，但为数不多的税款对于“农家乐”个体而言，却是沉重的负担。另一方面，“农家乐”在经营主体、载体、方式等方面具有特殊性，且盈利能力有限。因此，应将其与其他行业和其他类型的经营主体区别开来，实行税收优惠政策。调整相关税收政策，减轻“农家乐”税收负担，对于“农家乐”的发展具有重要意义。需要注意的是，只有符合以农户为经营者，以农家庭院为经营载体，以乡村情趣和农家生活为经营特色，以餐饮、住宿、劳动体验、休闲娱乐以及观光度假等为经营内容等条件的经营主体，才可视为“农家乐”。

政策依据

《国务院关于进一步做好新形势下就业创业工作的意见》（国发〔2015〕23 号）。

《财政部　国家税务总局关于进一步支持小微企业增值税和营业税政策的通知》（财税〔2014〕71 号）。

《财政部　国家税务总局关于继续执行小微企业增值税和营业税政策的通知》（财税〔2015〕96 号）。

《财政部　国家税务总局关于扩大小型微利企业所得税优惠政策范围的通知》（财税〔2017〕43 号）。

政策解析

2015年4月，《国务院关于进一步做好新形势下就业创业工作的意见》提出，要鼓励农村劳动力创业，发展农民合作社、家庭农场等新型农业经营主体，发展农产品加工、休闲农业、乡村旅游、农村服务业等劳动密集型产业项目，落实定向减税和普遍性降费政策。

2014年9月，财政部、国家税务总局印发的《关于进一步支持小微企业增值税和营业税政策的通知》规定：为进一步加大对小微企业的税收支持力度，经国务院批准，自2014年10月1日起至2015年12月31日，对月销售额2万元（含本数，下同）至3万元的增值税小规模纳税人，免征增值税；对月营业额2万元至3万元的营业税纳税人，免征营业税。

2015年8月，财政部、国家税务总局印发的《关于继续执行小微企业增值税和营业税政策的通知》规定，为继续支持小微企业发展、推动创业就业，经国务院批准，《财政部、国家税务总局关于进一步支持小微企业增值税和营业税政策的通知》（财税〔2014〕71号）规定的增值税和营业税政策继续执行至2017年12月31日。

2017年6月，财政部、国家税务总局印发的《关于扩大小型微利企业所得税优惠政策范围的通知》规定：为进一步支持小型微利企业发展，现就小型微利企业所得税政策通知如下：自2017年1月1日至2019年12月31日，将小型微利企业的年应纳税所得额上限由30万元提高至50万元，对年应纳税所得额低于50万元（含50万元）的小型微利企业，其所得减按50%计入应纳税所得额，按20%的税率缴纳企业所得税。前款所称小型微利企业，是指从事国家非限制和禁止行业，并符合下列条件的企业：工业企业，年度应纳税所得额不超过50万元，从业人数不超过100人，资产总额不超过3 000万元；其他企业，年度应纳税所得额不超过50万元，从业人数不超过80人，资产总额不超过1 000万元。

五、融资政策

休闲农业和乡村旅游的资金投入，除了向政府相关部门申请各种相关补贴之外，还可以利用各种融资方式，解决休闲农业和乡村旅游资金短缺问题。要积极拓宽休闲农业和乡村旅游建设的融资渠道。一方面，担保机构和银行金融机构要加大对休闲农业和乡村旅游的信贷支持；另一方面，要创新休闲农业和乡村旅游多元化投融资机制和模式，积极倡导参与式开发，保障村民财产性收入。

（一）资金互助政策

典型案例1

合作社的互助资金可以解决成员生产中的燃眉之急

山东省临沂市蒙阴县旺庄果品专业合作社成立于2002年9月，初始成员只有50多户，目前成员有500多户，覆盖岱崮镇3个村庄。核心成员主要是当初成立果品合作社的原始发起人，其余的成员都是普通成员。该合作社以生产、营销合作为主，主营产业为苹果、水蜜桃的种植销售，注册了“蒙山脆”商标，开拓了销售渠道。为帮助成员解决生产过程中资金短缺的问题，合作社派生了资金互助合作，向成员赊销农资和资金借贷。合作社主要活动是在生产背景下的营销，所以内部并没有成立单独的资金互助部，成员都可以向合作社申请资金借贷。合作社拥有互助金300多万元。

在资金互助风险管理方面，旺庄果品专业合作社的资金互助成员均为合作社成员，通过严格界定成员边界，体现了资金互助的封闭性。资金借贷具有小额、分散、短期的特点。

旺庄果品合作社仅覆盖3个村庄，是一种熟人社会，资金互助主要通过成员声誉建立借贷双方之间的一种隐性信任契约，即通过声誉机制来提高成员借贷违约成本，成员借款出现违约时，即终止交易关系导致未来潜在收益的损失，进而降低还贷风险。具体来看，旺庄果品专业合作社加大品牌建设，合作社申请注册“蒙山脆”品牌，贴上“蒙山脆”标签的水蜜桃价格要高于当地市场20%以上，让农民得到实惠。此外，合作社拓宽营销渠道，目前长期合作企业有30多家。合作社对成员采取高于当地当天均价的价格收购其产品，实现返利于民。收购后合作社利用检测系统将果品分为3个档次，分别销售给大型超市、批发市场、加工企业，不同质量的果品差异化的销路，较大幅度地增加了果农和合作社收入。具有良好声誉的合作社成员可以低价采购农资和高价出售果品获得超额收益。基于长远利益的考虑，农民往往不会采取机会主义行为，在熟人社会中打造良好的声誉，以期待更加久远的资源共享，享受获取长期合作利益。因此，声誉机制在熟人社会下的合作社成员还贷风险治理中具有重要的作用。

（资料来源：王成琛，陈东平，2017. 专业合作社内资金互助避险模式比较——基于2家农民专业合作社的案例分析．江苏农业科学（03）：286－289）

案例1点评

在农民专业合作社内部，成员之间的资金互助是当前解决农民种养生产和经营中资金短缺问题的有效途径之一。但是，在实际运作中，风险防范屡次出现问题，而山东省临沂市蒙阴县旺庄果品专业合作社以生产和营销活动为主，在合作社内部派生出资金互助活动。其因互助规模小，而且在活动范围较小的熟人社会内，基于声誉机制通过成员自律可以起到规避还贷风险的作用。事实上，由于合作社活动范围较小，参加合作社的成员之间存在着亲属关系，未及时还贷成员的不良声誉会对其参加合作社的亲属造成负面影响，合作社中的亲属便会起到隐性约束的作用，督促其还款，进一步减少违约。实际中，旺庄果品专业合作社目前经营状况良好，2007 年以来，资金互助没有出现社员借款违约拖欠问题。

典型案例 2

良好的风险防范机制解决了更多成员的资金需求

山东省临沂市河东区德盛大蒜种植专业合作社，以临沂农大农产品公司出资 40%为依托，由郑旺供销社于 2007 年领办成立，是河东区首批农民专业合作社之一。依托郑旺镇大蒜种植优势，利用合作社恒温库资源，为合作社的成员开展大蒜、蒜薹代存与代销服务，建立了大蒜产品“收购-储存-代销”的经营体系。该社共有自然人成员 419 人，几乎覆盖郑旺镇的大蒜种植大户；法人社员 3 家，注册资本 453.11 万元。合作社以营销活动为主，进行大蒜的买卖，交易的复杂化使商业规则下的金融合作成为了主旋律。合作社内部成立单独的资金互助部，用入股成员的钱进行资金互助，2014 年末互助资金高达 1 680 万元，向成员分红 80 余万元，分红率达到 5%。2015 年，德盛大蒜顺利完成了工商变更登记，取得了山东省信用互助试点资格认定书，是河东区 14 家参加区供销社系统专业合作社联合社的一员。

在资金互助风险管理方面，德盛大蒜种植专业合作社针对信用互助业务，额外设立资金使用评议小组，由成员选举产生的5人组成，以审批互助资金发放，同时设置“三查四岗”（即贷前调查、贷时审查和贷后检查；调查岗、审查岗、审批岗和检查岗），防止成员将钱用于生产经营以外的投资，以引导成员申请的互助资金只能用于农业生产经营，不能用于其他投资。

由于互助规模大，合作突破村庄的地域范围，该合作社信用互助部当前的资金互助契约都是质押性契约，即基于业缘关系的成员主要通过存放在合作社恒温冷库的大蒜或蒜薹进行质押获取互助金。社内不论产业大户、经营大户还是成员进行大蒜或蒜薹的收购、储存业务用合作社内参加资金互助成员的钱时，合作社只给予申请互助金成员冷库租赁费和现有价格下大蒜或蒜薹收购总价的70%的资金，由成员自己承担产业市场价格风险，这样可以避免大蒜价格下跌造成的成员还贷风险。收购后储存到合作社恒温库中，合作社恒温库可以解决短时间内大蒜或蒜薹卖不出去的问题。另外，成员可以将自己的大蒜或蒜薹储存到恒温库中质押取得短期、小额的周转资金，在合作社统一出售大蒜或蒜薹后，扣除借贷的互助金结算给合作社农户。通过农产品质押的方式可以避免还贷风险，从而提高还贷违约而产生的机会成本。

（资料来源：王成琛，陈东平，2017. 专业合作社内资金互助避险模式比较——基于2家农民专业合作社的案例分析. 江苏农业科学（03）：286-289）

案例2点评

山东省临沂市河东区德盛大蒜种植专业合作社随着规模的扩大，成员覆盖到整个郑旺镇，这种基于成员业缘关系的合作社突破了熟人社会，而且以大蒜或蒜薹买卖为贸易背景，资金互助规模不断扩大，资金合作扮演着重要角色。在这样的背景下，合作社在约束成员还贷时，以成员声誉为基础性作用，引入质押机制来发挥主导性作用。主要通过农产品质押的互助模式来有效避免资金互助借贷的违约，这种风险规避做法使合作社成员比较信任，参与资金互助的成员达 200 多户，互助资金 1 600 多万元。由于良好的风险防范机制，德盛大蒜种植专业合作社自成立以来的 7 年多时间内没发生违约现象。

政策依据

《国务院办公厅关于推进农村一二三产业融合发展的指导意见》（国办发〔2015〕93 号）。

《中华人民共和国农民专业合作社法》（2006 年 10 月 31 日第十届全国人民代表大会常务委员会第二十四次会议通过；2017 年 12 月 27 日第十二届全国人民代表大会常务委员会第三十一次会议修订）。

政策解析

2015 年 12 月，国务院办公厅印发的《关于推进农村一二三产业融合发展的指导意见》提出，“坚持社员制、封闭性、民主性管理原则，发展新型农村合作金融，稳妥开展农民合作社内部资金互助试点。”这对于以专业合作社为边界的农民资金互助活动的发展无疑起到推动作用。

2017 年 12 月，第十二届全国人民代表大会常务委员会第三十一次会议修订的《中华人民共和国农民专业合作社法》规定，农民专业合作社以其成员为主要服务对象，开展以下一种或者多种业务：①农业生产资料的购买、使用；②农产品的生产、销售、加工、运输、储藏及其他相关服务；③农村民间工艺及制品、休闲农业和乡村旅游资源的开发经营等；④与农业生产经营有关的技术、信息、设施建设运营等服务。据此，在发展休闲农业和乡村旅游的过程中，既可以组建休闲农业和乡村旅游合作社，又可以依托其他专业合作社发展休闲农业和乡村旅游。在实际的生产经营中，为了解决成员的资金短缺问题，可以在专业合作社内部开展资金互助。但在开展资金互助时，要注意成员性、封闭性、民主性管理原则，重视风险防范，避免给合作社与成员造成损失。

（二）PPP 项目融资政策

典型案例

PPP 助力休闲农业

在国家首批 PPP 试点项目中，淮北市金西域生态休闲农业项目成为安徽唯一一个入选项目。这个项目如何启动实施，其具体运营模式如何？记者带着一系列问题采访了淮北市发改委相关负责人。

一、政府监管社会资本投入

据介绍，金西域生态休闲农业建设项目地块位于淮北市杜集区高岳省级现代示范园内，占地面积 500 亩（含水域 110 亩）。项目以西域花海民族文化风情为主题，分期开展建设。

有关负责人说，该项目计划投资 1.8 亿元，分三期实施。先期实施一期工程投资 8 000 万元；二三期工程计划投资 1 亿元。建设资金来源由社会资本方负责筹集，社会资本方自有资金为项目总投资的 50%，剩余资金由社会资本方向金融机构申请贷款或社会资本方自有资金投入等方式获得。合作年限方面，根据财政部《关于进一步做好政府和社会资本合作项目示范工作的通知》规定，政府和社会资本合作期限不低于 10 年。该项目合作期限共 13 年，包含建设期 2 年。

“通过市场化运作引入新的资金和机制，不仅有利于解决政府在基础设施投资、管理中面临的诸多问题，缓解政府在短期内对本项目的土地费用支出和基础设施维护等方面的投入压力，而且促进了投资主体的多元化，发挥政府和社会资本各自的优势，形成互利合作关系，可以以最有效的模式为淮北市城乡居民提供一处环境优美的休闲娱乐场所，带动当地第三产业加快发展。”淮北市发改委相关人士称，“项目建成后，将辐射带动周边 3 万亩农业生产，促进当地农业结构调整和农村经济发展，解决当地 260 多人就业，增加农民收入，促进农村产业融合发展。”

为保证项目建设质量，高岳办事处将成立考核组。考核以年度为单位进行，实行打分制并设定 80 分为及格线。每年对项目公司建设及运行期间的土地租金的支付情况、基础设施维护和解决当地就业情况进行监测评估。若项目公司该年度项目设施维护的考核得分低于及格线，按低于及格线每分处以一定违约金，从土地租金中增加。

二、确立合理的运营及利益分配机制

在具体运营方式上，金西域生态休闲农业 PPP 项目根据国家发改委、农业部下发的意见精神，采用“项目投、建、养一体化”的运作方式。经杜集区人民政府授权，淮北市杜集区高岳办事处作为本项目实施机构，即业主单位，选择确定满足要求的社会资本方。高岳街道办事处通过发布招商公告，最终，与新疆金源祥投资有限公司达成合作，建设金西域生态休闲农业项目。为此，新疆金源祥投资有限公司在淮北市全资注册成立了淮北市金西域生态旅游发展有限公司，并将其作为社会资本投资方，负责项目融资、建设、运营养护职责。

在合作方式上，双方约定开展 13 年的经营权合作，采用 DB—FO（设计、建造、融资及经营）模式。高岳办事处将已建成的项目区的道路、沟渠、桥涵、机井等基础设施，无偿授权交由社会资本方使用。在一期工程试运营时，负责项目建设实施过程中的外部环境协调，保障项目安全实施和运营，监督项目按质、按时完成，确保建设运营安全，实现预期效益。

按照 PPP 合同约定，淮北市金西域生态旅游发展有限公司负责项目主体工程建设和运营，自负盈亏。二三期工程在一期工程建成运营 2 年后实施，资金由金西域生态旅游发展有限公司全部出资。经营期满后，金西域生态旅游发展有限公司如果继续经营，可以优先获得经营权。如果不愿继续经营，要将政府投入的道路、沟渠、桥涵、机井等基础设施具备运营条件的，无偿交给高岳办事处。

在利益分配上，项目盈利政府不参与分成，同时也不承担亏损，社会资本方负责对项目区道路、沟渠、桥涵、机井等基础设施的维护费用。按照规定，项目运营后，解决当地就业人数，不少于总用工人数的 60%。

（http：//www.farmer.com.cn/sh/xxny/dts/201710/t20171024_1331695.htm）

案例点评

PPP 是英文“Public - Private - Partnership”的简写，在我国称为“政府和社会资本合作”，是指政府部门（Public）通过与社会资本（Private）建立伙伴关系（Partnership）提供公共产品或服务的一种方式。发达国家普遍将 PPP 模式作为缓解财政压力、提高公共服务效率的一次变革。

PPP 模式最适于“谁付费谁消费”，行业变化速度较慢的公共产品项目，如电信、电力、管线、交通基础设施（高速公路、铁路、港口、机场）、市政基础设施（保障房、供水、供电、污水处理）和社会公用事业（医院、学校、养老院、监狱）等。“谁付费谁消费”的项目有稳定现金流，管理层可以利用资本市场，优化负债率，在经济周期内实现最优融资结构，从而提高股本收益率。一般情况下，政府通过签订特许权协议，由私人企业建设、经营、维护和管理项目，并由私人企业负责成立的项目公司作为特许权人承担合同规定的责任和偿还义务。

本案例中，休闲农业项目建设资金来源由社会资本方负责筹集，社会资本方自有资金为项目总投资的 50%，剩余资金由社会资本方向金融机构申请贷款或社会资本方自有资金投入等方式获得。政府部门通过市场化运作引入新的资金和机制，不仅有利于解决政府在基础设施投资、管理中面临的诸多问题，缓解政府在短期内对本项目的土地费用支出和基础设施维护等方面的投入压力，而且促进了休闲农业项目投资主体的多元化，发挥政府和社会资本各自的优势，形成互利合作关系。在利益分配上，项目盈利政府不参与分成，同时也不承担亏损，社会资本方负责对项目区道路、沟渠、桥涵、机井等基础设施的维护费用。政府全程参与整个项目：一是确保项目投资金额在财政约束的合理范围；二是负责项目建设实施过程中的外部环境协调，确保建设运营安全，实现预期效益。

政策依据

《国务院办公厅转发〈财政部　国家发展和改革委员会　中国人民银行关于在公共服务领域推广政府和社会资本合作模式指导意见〉的通知》（国办发〔2015〕42 号）。

《财政部关于进一步做好政府和社会资本合作项目示范工作的通知》（财金〔2015〕57 号）。

《国家发展和改革委员会　农业部关于推进农业领域政府和社会资本合作的指导意见》（发改农经〔2016〕2574 号）。

政策解析

2015 年 5 月，国务院办公厅在转发《财政部　国家发展和

改革委员会　中国人民银行关于在公共服务领域推广政府和社会资本合作模式指导意见》的通知中指出，在公共服务领域推广政府和社会资本合作模式，是转变政府职能、激发市场活力、打造经济新增长点的重要改革举措。围绕增加公共产品和公共服务供给，在能源、交通运输、水利、环境保护、农业、林业、科技、保障性安居工程、医疗、卫生、养老、教育、文化等公共服务领域，广泛采用政府和社会资本合作模式，对统筹做好稳增长、促改革、调结构、惠民生、防风险工作具有战略意义。

2015年6月，财政部印发《关于进一步做好政府和社会资本合作项目示范工作的通知》，相关规定如下：

（1）高度重视PPP项目示范工作。各级财政部门要切实加强示范项目的组织领导，配备必要的业务骨干人员，保证各项工作有序推进。

（2）确保示范项目实施质量。合理选择运作方式，认真做好评估论证，择优选择社会资本。严禁通过保底承诺、回购安排、明股实债等方式进行变相融资，将项目包装成PPP项目。

（3）切实履行财政监督管理职责。示范项目所在地财政部门要认真做好示范项目物有所值定性分析和财政承受能力论证，有效控制政府支付责任，合理确定财政补助金额。

（4）及时上报示范项目实施信息。对于示范项目的实施方案、合作伙伴选择、物有所值评估、财政承受能力论证等，项目所在地财政部门要将有关情况及时填报。

（5）在公共服务领域广泛征集适宜采用PPP模式的项目。根据《国务院办公厅转发〈财政部　国家发展和改革委员会　中国人民银行关于在公共服务领域推广政府和社会资本合作模式指导意见〉的通知》（国办发〔2015〕42号）的要求，地方各级财政部门要在能源、交通运输、水利、环境保护、农业、林业、科技、保障性安居工程、医疗、卫生、养老、教育、文化等公共服务领域，筛选征集适宜采用PPP模式的项目，加快建立项目库。

（6）确保上报备选示范项目具备相应基本条件。项目要纳入城市总体规划和各类专项规划，新建项目应已按规定程序做好立项、可行性论证等项目前期工作。

（7）优先支持融资平台公司存量项目转型为PPP项目。重点推进符合条件的融资平台公司存量项目，通过“转让-运营-移交”（TOT）、“改建-运营-移交”（ROT）等方式转型为PPP项目。

（8）建立“能进能出”的项目示范机制。对已列入示范项目名单的项目，如项目交易结构发生重大变化不能采用PPP模式，或一年后仍未能进入采购阶段的，将被调出示范项目名单。

（9）中央财政加快推动设立PPP基金，研究出台“以奖代补”措施，符合条件的示范项目将优先获得支持。

2016年12月，国家发展和改革委员会、农业部印发《关于推进农业领域政府和社会资本合作的指导意见》，相关规定如下：

（1）重点领域。拓宽社会资本参与现代农业建设的领域和范围，重点支持社会资本开展高标准农田、种子工程、现代渔港、农产品质量安全检测及追溯体系、动植物保护等农业基础设施建设和公共服务；引导社会资本参与农业废弃物资源化利用、农业面源污染治理、规模化大型沼气、农业资源环境保护与可持续发展等项目；鼓励社会资本参与现代农业示范区、农业物联网与信息化、农产品批发市场、旅游休闲农业发展。

（2）明确规程。地方政府从当地经济社会与现代农业发展需要出发，根据“十三五”全国农业现代化规划，确定本地区政府和社会资本合作的重点领域及其模式。根据具体项目的性质和特点，由当地政府主管部门或其委托的相关单位作为PPP项目实施机构，负责项目的准备及实施。

（3）合作责任。地方政府主导推动开展工作，建立农业领域PPP项目建设的部门协调推进机制，强化政策指导与服务；积极推进体制机制创新与政策创设，为社会资本获得合理回报创造条件。各类符合条件的国有企业、民营企业、外商投资企业、混合所有制企业，以及其他投资、经营主体均享有依法依规平等参与的权利；开展合作后，要进一步依法完善企业法人治理结构，不断增强法制意识和履约能力，提升运营效率。

（4）合作伙伴选择。严格依据《招标投标法》《政府采购法》相关法律法规，采取公开招标、邀请招标、竞争性谈判等多种形式，择优选择具有相应运营管理经验、专业水平、投融资能力以及信用状况良好的社会资本方作为合作伙伴，组织项目实施。社会资本方遴选结果要及时公告或公示，并明确申诉渠道和方式。社会资本方可依法设立项目公司。政府指定了出资人代表的，项目公司由政府出资人代表与社会资本方共同成立。

（5）加强项目监管。政府及其部门应根据 PPP 项目合同及有关规定，建立项目全生命周期管理机制，实行全过程管理。加强可行性研究、招标投标、合同签订、项目建设和运营等方面的全程监督，监督内容包括项目公司或社会资本方履行 PPP 项目建设责任等，确保项目建设质量。提升项目管理水平，切实做好项目分类管理、动态监测、及时更新等各项工作。

（6）开展绩效评价。鼓励引进第三方评价机构，制订 PPP 项目绩效评价方案，对项目建设运营质量以及资金使用效率等方面进行综合评价。绩效评价结果应作为项目公司或社会资本方取得项目回报的依据。项目移交完成之后，适时开展项目后评价工作，评价结果及时反馈给项目利益相关方，并按有关规定公开。

（7）规范退出程序。项目建设过程中，如遇不可抗力或违约事件导致项目提前终止时，项目实施机构要及时做好接管，保障项目设施持续运行。政府和社会资本合作期满后，按照合同约定，妥善做好项目移交。积极构建多元化退出机制，为社会资本提供规范化、市场化的退出方式。

综上，破解休闲农业和乡村旅游的资金问题，应该创新融资模式，鼓励利用 PPP 模式、众筹模式、“互联网＋”模式、发行私募债券等方式，引导社会各类资本投资休闲农业和乡村旅游。

（三）农业贷款政策

典型案例 1

贫困户创业可获 10 万元贴息贷款

江西省南昌市政府 2017 年 11 月下发《关于加快推进产业扶贫的实施意见》，确保实现 2020 年现行标准下农村贫困人口全部脱贫目标。其中，将加大产业基础设施建设、金融、就业创业等扶持。

五大政策扶持为：

① 加大产业基础设施建设扶持。（略）

② 加大新型经营主体扶持。（略）

③ 加大扶贫产业金融扶持。大力支持农业发展银行、农业银行、邮储银行、农村商业银行等金融机构向建档立卡贫困户中有发展意愿、有发展潜质、有资金需求、有还款来源的贫困户提供 5 万元以内、3 年以下免抵押、免担保的信用贷款。

④ 加大光伏产业扶持。（略）

⑤ 加大就业创业扶持。将建档立卡农村贫困人口纳入创业担保贷款扶持范围，对符合条件的建档立卡农村贫困户个人创业的给予最高不超过 10 万元、对合伙经营和组织起来创业的给予最高不超过 50 万元、对小微企业等给予最高不超过 400 万元的创业担保贷款，并按规定给予贷款贴息扶持。

（http：//www.795.com.cn/cy/cyzc/1742667761.html）

案例 1 点评

农业信贷对于解决休闲农业和乡村旅游资金紧缺问题非常重

要。目前，我国的农业贷款主要有：

1. 两权抵押贷款

指将农村承包土地的经营权和农民住房财产权作为抵押物向银行申请贷款。

2. 农村信用社小额信贷

特点是贷款靠信用，不需要抵押担保，贷款金额小。只需要在规定的时间内将贷款金额还清即可。

3. 农机融资租赁

创业人员由直接购买变为先租后买，承租人一般缴纳农机总金额的30%作为首付就可以使用农机设备，减轻了一次性投入压力。

4. 双基联动合作贷款

由于基层银行与农牧社区共同完成对农牧户和居民的信用评级、贷款发动及贷款管理。

5. 政银保

保险公司为农户提供保证保险，银行提供贷款，政府提供保费补贴、贴息补贴和风险补偿支持。

另外，针对农村创业的贷款主要有农户小额贷款、新型农业经营主体贷款、种养业贷款、粮食市场化收购贷款、农业产业链贷款、大宗农产品保险、林权抵押贷款等几种贷款方式。其中，小额贷款借款人必须满足以下条件：①社区内的农户或个体经营户，具有完全民事行为能力；②信用观念强、资信状况良好；③从事土地耕作或其他符合国家产业政策的生产经营活动，并有可靠收入；④家庭成员中必须具有劳动生产或经营管理能力的劳动力。

典型案例2

有担保的农业贷款试过没有　浙江农民有新福利了

2017年8月18日，中国邮政储蓄银行三农金融事业部浙江省分部成立大会在省人民大会堂举行。在成立大会上，浙江省农信担保公司与邮储银行浙江省分行签署新的合作协议。

根据双方签订的协议，今后全省各地的新型农业经营主体（包括种养大户、家庭农场、农民专业合作社、农业社会化服务组织、小微农业企业等），均可直接到当地的邮储银行申请办理由省农信担保公司提供担保的农业贷款。

贷款范围包括：粮食生产、畜牧水产养殖、菜果茶等农林优势特色产业，农资、农机、农技等农业社会化服务，农田基础设施，与农业生产直接相关的一二三产业融合发展项目，家庭休闲农业、观光农业等农村新业态，以及部分“先建后补”类财政支农项目的前期投入等众多领域。贷款额度为10万～300万元，贷款利息和担保费综合费用不超过8%。其中，对种粮大户的贷款，一般按基准利率贷款，100万元以内担保费为0.8%，还可享受到财政3%的贷款贴息。

省农信担保公司依据国家有关政策设立，由财政出资、省财政厅会同省农业厅组建，要求必须专注农业、专注新型农业经营主体，不以营利为目的，履行政策性担保业务。公司自2016年底成立以来，积极推进与邮储银行的战略合作，并于2017年7月初创新推出了“浙里担·新农贷”产品，经7个邮储支行试点试行，以其“领域广、入门易、手续简、放款快、费用优”的特点，深得基层的欢迎，仅绍兴市的一家支行1个多月放款额便达到了1 680万元，为推动我省财政金融协同支农注入了新动能。

（http：//zj.ifeng.com/a/20170827/5945488_0.shtml）

案例2点评

新型农业经营主体资金需求量大，但因为缺少有效抵押物，金融机构贷款有顾虑，商业性担保机构担保有风险，融资难问题较为突出。建立由财政支持的农业信贷担保体系，引导信贷资金投入农业农村，是缓解农业融资瓶颈的重要举措。农业信贷担保公司不以盈利为目的，通过其担保，农业经营主体拿到的银行贷款在利率、担保费率等方面都有政策优惠，整体贷款成本相对较低，成为新型农业经营主体申请贷款的新福利。

政策依据

《国务院办公厅关于完善支持政策促进农民持续增收的若干意见》（国办发〔2016〕87号）。

《农业部关于进一步促进休闲农业持续健康发展的通知》（农加发〔2014〕4号）。

《财政部　农业部　中国银行业监督管理委员会关于做好全国农业信贷担保工作的通知》（财农〔2017〕40号）。

政策解析

2016年11月，国务院办公厅印发的《关于完善支持政策促进农民持续增收的若干意见》提出，强化贫困地区农民合作社、龙头企业与建档立卡贫困户的利益联结机制。深入实施乡村旅游、林业特色产业、光伏、小水电、电商扶贫工程。

2014年11月，农业部印发《关于进一步促进休闲农业持续健康发展的通知》（以下简称《通知》），就进一步促进休闲农业和乡村旅游持续健康发展做出全面部署。《通知》提出，到2020年，力争使休闲农业和乡村旅游成为促进农业增效、农民增收、农村环境改善的支柱性产业。通知鼓励将休闲农业和乡村旅游列入农业产业化龙头企业贷款贴息、中小企业创业贷款、扶贫开发贷款范畴，解决发展过程中的融资需求。

2017年5月，财政部、农业部、中国银行业监督管理委员会印发的《关于做好全国农业信贷担保工作的通知》提出，要坚持体系政策性定位。即在全国范围内建立政策性支持、市场化运作、专注农业、独立运营的农业信贷担保体系。省级农业信贷担保公司要紧紧围绕推进农业供给侧结构性改革、加快转变农业发展方式、促进多种形式农业适度规模经营开展业务。在推进省级农业信贷担保公司组建和运营过程中，各省要准确把握农业信贷担保专注服务农业、专注服务农业适度规模经营主体的政策性定位，确保农业信贷担保贴农、为农、惠农，不脱农。

除此以外，国家政策性贷款针对一二三产业融合发展的资金需求，重点照顾以下六种：一是新型农业经营主体发展加工流通和直供直销（农产品初加工、精深加工和冷链物流等现代物流，以及电子商务等）；二是大型原料基地与加工流通企业协同升级（农产品加工领军企业、农业产业化龙头企业创建种养殖基地等）；三是农产品加工流通企业与农户联合建设原料基地和营销设施；四是休闲农业和乡村旅游经营主体与农户联合建设公共服务设施（停车场、文化中心、网络基础设施）；五是农村产业融合发展先导区建设（农产品加工园区、国家农业产业化示范基地、全国农产品及加工副产物综合利用试点园区等）；六是农民创办领办农村一二三产业实体（返乡农民工、中高等学校毕业生、退役士兵、新型职业农民、农村实用人才、技术能手、大学生村官等创办领办家庭农场、农民合作社和小微企业等市场主体）。

近年来，相关金融机构纷纷加大了对农村市场的金融支持，但主要还是以30万元以下的小额、信用贷款为主。新型农业经营主体由于实行规模化经营，他们对资金需求一般以几十万至几百万元为主，但由于缺乏有效的抵（质）押物，其贷款难问题依然十分突出。案例二中农信担保公司的成立，较好地填补了这一“空白”。

六、设施农业发展政策

设施农业是休闲农业和乡村旅游发展的重要项目之一，国家在不断完善设施农业政策。2008 年，农业部就印发了《关于促进设施农业发展的意见》，提出从落实扶持政策、积极推动科技创新、制定完善标准体系和努力做好技术培训 4 个方面落实完善促进设施农业发展的政策措施。2014 年，国土资源部和农业部联合出台了《关于进一步支持设施农业健康发展的通知》等相关政策，规范和支持设施农业的发展。

（一）支持设施农业发展

典型案例

山西临汾洪洞县秦壁村走向设施农业新天地

洪洞县秦壁村，是当地有名的“蔬菜村”。但是，村里的农民靠种菜增收的同时，也有一个缺憾：由于只能在大田里种菜，远不如大棚里的反季节蔬菜收入高。然而，从 2009 年起，他们的这个缺憾开始消失——在洪洞县农村信用合作联社的资金扶持下，当年建大棚，当年就受了益。据相关统计，大棚种植的无公害蔬菜销售收入达 2 300 万元，户均实现纯收入 5 800 元，较全县农民人均纯收入 5 240 元高出 560 元。

秦壁村：种菜遇到新难题

秦壁村位于洪洞县城东南 2.5 千米处，蔬菜种植历史悠久。特别是大葱中的“极品”——鞭杆葱，已有近200年的栽培历史。然而，由于受“重粮轻菜”思想影响，到20世纪末，该村种粮与种菜的土地面积比例是4∶1。单一的产业结构，导致农民收入增长缓慢。

从2000年起，该村“两委”班子为解决这一问题，号召村民大规模发展蔬菜种植业。为满足菜农对资金的需求，2003年，洪洞县信用联社指派城区信用社赴该村进行调查走访，对农户进行信用评定，并按信用等级发放小额信用贷款，支持村民发展蔬菜生产。到2008年，该信用社已累计发放小额信用贷款3 000万元，秦壁村的蔬菜种植面积逐步扩大，形成了4 000亩绿色无公害蔬菜种植基地，产出的大葱、黄瓜、豆角、辣椒在市场上深受消费者欢迎，成了较有名气的“蔬菜村”。

秦壁村的蔬菜产业虽然发展起来了，菜农的收入也有了较大提高，然而新的问题又出现了：蔬菜种植在大田里，倒春寒、大风、冰雹等自然灾害无法防御，存在着减产风险；蔬菜只能按季节生产，旺季时集中上市，价钱上不去，淡季时行情好，却无新鲜菜可卖。这种蔬菜生产和销售方式，已严重制约着这个“蔬菜村”进一步发展。

让菜农从“大田”走进“大棚”

2009年，洪洞县信用联社与秦壁村“两委”班子就如何改变大田种菜的方式进行商量，确定了建设蔬菜大棚，发展设施农业的方案。这样，蔬菜种植不再受自然因素制约，大大减少了灾害性天气带来的风险。同时，可实现反季节蔬菜的生产，解决了菜农在淡季无法增收的难题。

为建设高质量的蔬菜大棚，秦壁村借鉴山东寿光经验，决定采用全无滴防雾塑料薄膜、钢混结构，建造现代化日光大棚。但是，建这种大棚，需要的投资大，村里和菜农无法全部解决。在这个情况下，洪洞县信用联社由该村的农民专业合作社担保，及时为84户菜农发放贷款420万元。

在此基础上，洪洞县信用联社与县政府、秦壁村村委会三方多次协商，共同研究制订了《秦壁村现代农业园区规划方案》。其中，对日光大棚蔬菜生产区进行了科学设计，做出了分年度建设、规模化发展的安排。

据了解，该村2009年建造了87座现代化日光大棚，里面种植的反季节蔬菜在当年腊月一上市，就被菜商们抢购一空。菜农们一算账，一亩大棚的产值是一亩大田产值的四五倍。看到有如此高的回报，种大田蔬菜的菜农坐不住了，发展大棚蔬菜的热情空前高涨。

在这个情况下，洪洞县信用联社继续支持秦壁村发展蔬菜大棚，将贷款期限由原来的一年延长至两年，确保贷款不但贷得出收得回，而且要让农民受益。该联社还与县政府沟通协调，提出了对秦壁村的大棚蔬菜贷款进行财政贴息的建议。

为“种植”和“销售”提供良好服务

在秦壁村的绿色无公害蔬菜系列中，大葱、黄瓜、菜豆、辣椒四类产品已注册了“秦壁牌”商标。为了让这些品牌做大做强，形成规模化和市场化效益，洪洞县信用联社在支持秦壁村发展大棚蔬菜的同时，积极在蔬菜种植和蔬菜销售上提供多方面服务。

为了确保蔬菜品质上乘，该联社大力支持秦壁村运用“测土配方”技术，合理施肥；采用最新农业科技，改良品种。其中，大葱经过提纯复壮、系统选育，品质与产量显著提高，已打入了广东、福建市场，并有望打入国际市场。

在帮菜农解决销售难题方面，该联社针对他们各自为战、信息不灵、容易被菜商压价等不利因素，指导秦壁村成立了专业合作社，让菜农们成为合作社的社员，生产的蔬菜由专业合作社按保护价统一收购，统一销售。这一做法，不但保护了菜农利益，还为“秦壁牌”蔬菜走向市场创造了良好环境。

从大田到大棚，秦壁村的蔬菜产业已告别了传统发展模式，正在步入设施农业新天地。

（http：//www. sxrb. com/sxjjrb/sanban/2746410. shtml）

案例点评

如何服务设施农业的发展，山西省临汾市洪洞县信用联社支持秦壁村发展设施农业的做法为我们提供了有益参考。主要是，在资金帮扶的同时，协助受贷方做好设施农业布局、建设进度等发展规划，确定合理的贷款期限，从生产到销售提供周到服务。这样，农民靠贷款发展设施农业才能取得收益，信用社也才能打开业务发展空间并有效防控风险。

政策依据

《农业部关于促进设施农业发展的意见》（农机发〔2008〕3 号）。

政策解析

2008 年 7 月，农业部印发的《关于促进设施农业发展的意见》（以下简称《意见》）提出要求，要落实完善促进设施农业发展的政策措施。《意见》指出，在我国发展设施农业，要按照加强农业基础地位，走中国特色农业现代化道路，建立以工促农、以城带乡长效机制，形成城乡经济社会发展一体化新格局的要求，认真落实中央一系列强农惠农政策措施，促进设施农业又好又快发展。一是落实扶持政策。要认真落实中央一系列强农惠农政策，扶持鼓励设施农业发展。将重点设施农业装备纳入购机补贴范围，加大对农民和农民合作组织发展设施农业的扶持力度。要与有关部门协调，加大对设施农业财政、税费、信贷和保险政策的支持。同时，加大基础设施建设投入，对灾区受毁设施的恢复重建给予扶持，不断提高农民发展设施农业和抵御自然灾害的能力。二是积极推动科技创新。加大科技创新投入力度，支持设施农业共性关键技术装备研发。加强宽领域、深层次的协作，积极探索设施农业科技创新体系建设。加快科技成果转化应用，提高产业的整体技术水平，实现产业不断升级。三是制定完善标准体系。加强设施农业标准建设，建立和完善设施农业标准化技术体系。重点加强设施农业建设、生产和运行管理标准的制（修）订工作，切实提高我国设施农业的标准化水平。四是努力做好技术培训。要整合资源，争取支持，加强设施农业技术培训，提高从业人员素质，把发展设施农业转到依靠科技进步和提高劳动者素质的轨道上来。

（二）规范设施农业用地

典型案例

大棚内建房子 使“开心农场”变了味

租大棚种菜拥有一片“开心农场”本是时下一种流行的休闲项目。但近两年，某市部分郊县却出现一种“变相”的生态农业项目，销售人员口头宣传可以在大棚内建房，有的项目甚至已经建设了样板间。据某市国土执法总队介绍，一些人在获得建大棚的批准后在里面建房，其属于违法用地行为，要承担相应的法律责任，因此不要轻信项目上的误导宣传。

据了解，农业大棚用地，属于设施农用地的一种，以租赁方式取得农业大棚也属于农村集体土地流转的一种形式。市民“购买”的所谓大棚，实际上只是以租赁方式取得了大棚作为农业用途的使用经营权。因此，在大棚里从事农作物种植等农业用途是符合有关政策规定的，但是在大棚里建房子就属于违法用地了。

目前，某市正在对大棚中建设的房屋实施拆除。另外，据了解，如果累计非法占用基本农田超过 5 亩以上或者累计非法占用基本农田以外的耕地超过 10 亩以上，就涉嫌触犯刑律，违法当事人可能要面临承担最高 5 年的刑事责任。而且，该类项目如果出现合同纠纷，由于当事人的权益并不属于合法权益，得不到法律的维护和保障，当事人可能会面临巨大的投资风险。

（http：//news. enorth. com. cn/system/2014/07/26/012041152. shtml）

案例点评

“大棚房”是近年来在大中城市郊区多发的违法用地现象，其打着设施农业的幌子，实则改变土地的农业用途大搞房地产。由于我国实施最严格的耕地保护制度，而且在设施农业用地方面具体划分为生产设施用地、附属设施用地以及配套设施用地，进行明确界定和严格管理，所以，我们应该严格按照国家的规定，在允许的范围内，科学合理地规划生产设施用地、附属设施用地以及配套设施用地，并履行必要的审批备案手续，规范地发展设施农业。

政策依据

国土资源部、农业部联合下发的《关于进一步支持设施农业健康发展的通知》（国土资发〔2014〕127 号）。

政策解析

2014 年 9 月，国土资源部、农业部联合下发《关于进一步支持设施农业健康发展的通知》（以下简称《通知》）明确，严禁随意扩大设施农业用地范围，各类农业园区中涉及建设永久性餐饮、住宿、会议、大型停车场、工厂化农产品加工、展销等用地，必须依法依规按建设用地进行管理。

《通知》共分为四部分：一是合理界定设施农用地范围。《通知》将设施农用地具体划分为生产设施用地、附属设施用地以及配套设施用地，进一步明确三方面范围。在界定范围时，将规模化粮食生产所需的配套设施用地，纳入设施农业用地范围，以支持土地规模经营和规模化粮食生产。同时，将附属设施中的生活用地从设施农业用地范围中剔除。《通知》明确，严禁随意扩大设施农业用地范围，经营性粮食存储、加工和农机农资存放、维修场所，以农业为依托的休闲观光度假场所、各类庄园、酒庄、农家乐，以及各类农业园区中涉及建设永久性餐饮、住宿、会议、大型停车场、工厂化农产品加工、展销等用地，必须依法依规按建设用地进行管理。

二是积极支持设施农业发展用地。《通知》重点就"设施农业用地按农业用地管理""合理控制附属设施和配套设施用地规模""引导设施建设合理选址""鼓励集中兴建公用设施"等内容做出规定。《通知》明确，生产设施、附属设施和配套设施用地直接用于或者服务于农业生产，其性质属于农用地，按农用地管理；生产结束后，经营者应按相关规定进行土地复垦，占用耕地的应复垦为耕地。对于平原地区从事规模化粮食生产涉及的配套设施建设，选址确实难以安排在其他地类上、无法避开基本农田的，经论证后可占用基本农田。

三是规范设施农业用地使用。《通知》要求，从事设施农业建设的，应通过经营者与土地所有权人约定用地条件，并发挥乡级政府的管理作用，规范用地行为。用地协议由乡镇政府、农村集体经济组织和经营者三方签订，并与设施建设方案报县级国土资源主管部门和农业部门备案，不符合设施农业用地有关规定的不得动工建设。

四是加强设施农业用地服务与监管。《通知》要求，主动公开设施农业用地建设与管理有关政策规定、加强设施农业用地监管，严格设施农业用地执法。并强调，经营者必须按照协议约定使用土地，确保农地农用；不得改变土地用途，禁止擅自或变相将设施农业用地用于其他非农建设；不得超过用地标准，禁止擅自扩大设施用地规模或通过分次申报用地变相扩大设施用地规模；不得改变直接从事或服务于农业生产的设施性质，禁止擅自将设施用于其他经营。与此同时，将设施农业用地使用和管理情况纳入省级政府耕地保护责任目标考核内容。

七、旅游发展、创业扶持与宣传推介政策

休闲农业和乡村旅游虽然是由一二三产业，至少是一三产业融合而成的产业，但它的属性更加贴近于旅游业，应该归属于第三产业。因此，休闲农业和乡村旅游业有必要充分利用旅游业发展政策来发展自己。此外，休闲农业和乡村旅游要发展，就有必要大力扶持农村创业和积极加强对该产业特别是景点与线路的宣传推介，唯有这样，才能使休闲农业和乡村旅游走上健康发展的道路。

（一）旅游发展

旅游发展政策主要体现在支持开发乡村旅游的基础设施建设等方面。如重点加强农村的公路、生产生活的用水用电、卫生环保的厕所、科学合理的停车场、绿色循环的垃圾处理设施、覆盖全面的信息网络等基础设施的建设，以完善乡村的相关配套设施。

典型案例1

北京市传统村落完成旅游设施改造

截至2017年3月22日，北京市24个传统村落已全部完成基础设施改造的“五个一”工程，包括一本开发建议书、一本地图折页、一个移动式咨询站、一个生态厕所和一个免费 Wi - Fi 站。

在门头沟区斋堂镇的灵水村，广场上一间可移动的小木屋里聚集着几位游客。“先来这儿转一圈儿，就知道村子里哪儿好玩，哪儿不能错过了。”墙上挂着村落的游览图，架子上摆放着高雅清新的手绘地图和村落的故事册，在这儿可以向工作人员咨询古村落的游览特色，也可以歇个脚“蹭”个网，享用免费 Wi-Fi。

传统村落实现改造升级之外，本市还将创建 100 个旅游休闲村镇，建设 3 000 千米休闲步道。据介绍，目前本市已制定完成旅游特色村镇创建方案和认定标准，10 个远郊区建设完成旅游休闲步道 500 余千米。

（http：//beijing. qianlong. com/2017/0323/1526408. shtml）

案例1点评

从阶段上看，我国的乡村旅游整体上还处于转型升级的关键时期。发展阶段不同对乡村旅游的要求也不同，贫困乡村和地区要紧抓旅游扶贫，积极培育和发展乡村旅游。已经脱贫的乡村和地区，仍要大力提升乡村旅游水平，要注重转型升级，从旅游扶贫转入旅游富民。

典型案例2

政策推动乡村旅游全面开发

2018 年春节期间，贵州赤水市大同镇民族村举办了民族特有的活动——踩山节。大石盘苗寨的苗族同胞们身着节日盛装，吹芦笙，饮米酒，载歌载舞，吸引了众多慕名前来的游客驻足观看。谁也不会想到，过去这个村里的百姓生活极为贫困。村民只能拿着山上挖出的竹笋子，手工编的竹篓子到集镇上换几个盐巴钱。自从吃上旅游饭后，该村人均家庭纯收入突破 1 万元，成为了赤水市有名的旅游致富村。“目前，我市有 1 万多贫困人口直接或间接从事旅游产业，共有 20 个贫困村因旅游带动而‘出列’。”赤水市旅游局局长肖艳说。

追溯至 2017 年底，怒江峡谷、川藏腹地、陇水之滨、青海侧畔……400 多名乡村旅游带头人、旅游扶贫重点村干部、基层旅游管理人员，从所在的深度贫困地区汇集到浙江湖州、江苏无锡和山东枣庄，参加国家旅游局主办的深度贫困地区旅游扶贫专题培训班。自 2014 年以来，这样的培训班共举办了 15 期，有 4 000 多名全国旅游扶贫重点村村干部受益。旅游扶贫培训已经成为旅游扶贫工作的“常态”。

如何跟踪了解乡村旅游扶贫工作实施效果是关键问题。早在 2016 年 1 月，国家乡村旅游扶贫工程观测中心在湖州设立，正式开始对全国 153 个有条件发展乡村旅游的建档立卡贫困村观测点进行监测，准确反映乡村旅游精准扶贫实际成效。

2018 年春节期间，云南省福贡县匹河怒族乡怒族山寨——老姆登村阳光明媚、草木葱茏，前来游玩的各地游客带来了许多欢歌笑语，处处弥漫着喜庆热闹的气息。这与过去贫穷落后的老姆登村形成鲜明对比。近几年，在村民郁伍林的带动下，全村共创办了 16 家农家乐客栈，年接待游客 10 万人次，经营收入达到 400 万元，人均纯收入突破 6 000 元。“能人带户”的旅游扶贫模式初步发力。

同时，与“能人带户”的旅游扶贫模式相比，“景区带村”带动效果更加明显。距离宁夏六盘山国家森林公园 2 千米的泾源县冶家村，正在忙碌的冶家村农家乐协会会长赵万升说：“我们村是靠六盘山国家森林公园脱贫致富的。”10 年前，村里有 1/3 的人吃不饱肚子。现在，该村村民开的农家乐每家净利润均超过 10 万元，效益最好的一户超过了 60 万元。

数据显示，2017 年，云南省培育 2 000 多家旅游扶贫示范户，旅游产业综合带动 12.1 万人脱贫；贵州省通过旅游发展带动 29.95 万贫困人口受益增收；甘肃省通过发展乡村旅游带动 2.92 万建档立卡户、12.26 万贫困人口脱贫……发展旅游业已成为许多贫困地区脱贫攻坚的重要支撑。

（http：//gotrip. zjol. com. cn/xw14873/lyjsb/201803/t20180305 _ 6721430. shtml）

案例 2 点评

我国乡村旅游进入快速发展阶段，在不断开发各类旅游资源、持续丰富大众文娱生活的同时，乡村旅游也成为促进相关地区精准扶贫的重要抓手之一。与其他扶贫方式相比，旅游扶贫以其强大的市场优势、新兴的产业活力、巨大的带动作用，在我国扶贫开发中发挥着日益显著的作用。

典型案例 3

江西：鼓励“创客”投身乡村旅游

江西 2017 年 8 月出台《关于进一步加快发展乡村旅游的意见》（以下简称《意见》），鼓励大学生、返乡农民工、艺术人才、青年创业团队等各类“创客”投身乡村旅游发展。

《意见》提出，开展乡村旅游创客工程，并创建乡村旅游创客示范基地。为此，江西将整合企业、科研院所和高校的专家资源，为“创客”团队提供项目策划、创业辅导、人才培训等一站式服务。

根据《意见》要求，江西将打造智慧乡村旅游平台，积极推进现代信息基础设施向农村旅游重点区域延伸，尤其是高等级的乡村旅游点要实现无线网络全覆盖。同时，鼓励企业和农户开通微博、微信等平台，实现信息智能推送、网络预订、网络支付等互联网服务功能，并推动知名线上旅行商和乡村旅游企业合作，共建乡村旅游电商平台。

（http：//www. gov. cn/xinwen/2017－08/16/content _ 5218112. htm）

案例3点评

“创客”译自英文单词“Mak－er”，源于美国麻省理工学院微观装配实验室的实验课题，此课题以创新为理念，参与实验课题的学生即“创客”。在我国，“创客”与“大众创业，万众创新”联系在了一起，特指具有创新理念、自主创业的人。乡村旅游创客是以大学生、返乡农民工、专业艺术人才、青年创业团队为主要群体，在乡村地区从事乡村旅游创业项目或实践活动，致力于通过先进的理念与技术，创意乡村旅游新产品、新业态、新体验的个人、企业机构或团队组织。政府部门出台对乡村创客的支持政策，加快完善乡村网络基础条件，乡村旅游迎来了“旅游创客”时代。

政策依据

《国务院关于促进旅游业改革发展的若干意见》（国发〔2014〕31号）。

《国务院办公厅关于进一步促进旅游投资和消费的若干意见》（国办发〔2015〕62号）。

《国家旅游局等12部门关于印发乡村旅游扶贫工程行动方案的通知》（旅发〔2016〕121号）。

《国家旅游局关于进一步做好当前旅游扶贫工作的通知》（旅发〔2018〕27号）。

政策解析

近年来一系列旅游扶贫政策相继出台：2014年8月，国务院印发的《关于促进旅游业改革发展的若干意见》提出，统筹利用惠农资金加强卫生、环保、道路等基础设施建设，完善乡村旅游服务体系。加强乡村旅游从业人员培训，鼓励旅游专业毕业生、专业志愿者、艺术和科技工作者驻村帮扶，为乡村旅游发展提供智力支持。

2015年8月，国务院办公厅印发的《关于进一步促进旅游投资和消费的若干意见》提出，实施乡村旅游提升计划，开拓旅游消费空间。如开展百万乡村旅游创客行动，通过加强政策引导和专业培训，三年内引导和支持百万名返乡农民工、大学毕业生、专业技术人员等通过开展乡村旅游实现自主创业。鼓励文化界、艺术界、科技界专业人员发挥专业优势和行业影响力，在有条件的乡村进行创作创业。

2016年8月，国家旅游局、国家发展和改革委员会、国土资源部、环境保护部、住房和城乡建设部、交通运输部、水利部、农业部、国家林业局、国务院扶贫办、国家开发银行、中国农业发展银行等12部门在《关于印发乡村旅游扶贫工程行动方案的通知》提出，在全国实施乡村环境综合整治、旅游规划扶贫公益、乡村旅游后备箱和旅游电商推进、万企万村帮扶、百万乡村旅游创客、金融支持旅游扶贫、扶贫模式创新推广、旅游扶贫人才素质提升等八项专项行动。

2018年2月，《国家旅游局关于进一步做好当前旅游扶贫工作的通知》（以下称为《通知》）提出，旅游扶贫作为国家脱贫攻坚战略的重要组成部分，是产业扶贫的主要方式，是全面建成小康社会的重要推动力量。发展旅游业已成为许多贫困地区脱贫攻坚的有力抓手和重要支撑。《通知》对旅游扶贫工作进行再部署、再落实，全面推进贫困地区旅游产业发展。

（二）创业扶持

积极引导农民工等人员返乡下乡创业，支持返乡下乡创业园、返乡下乡创业孵化园（基地）、信息服务平台、培训基地和乡村旅游创客示范基地建设，对于休闲农业和乡村旅游产业发展具有重要意义。

典型案例1

山东青年农业创业孵化基地助推青年实现创业梦

迎着第一缕朝阳，50 箱鸡蛋已经整齐地码放在车上，和送货师傅交代好客户的地址和要求后，颜青转身提上盛满饲料的塑料桶进了园子，满园的鸡、鹅欢快地跑来讨食吃。在位于山东省潍坊市青年农业创业孵化基地的农场里，忙碌的一天开始了……

从外表上看，颜青一身简单的工装、略带稚气的脸庞，也许很难看出他是山东潍坊朝旭农业发展有限公司总经理。从放弃优越的工作开始创业到注册成立自己的农业公司，这位 90 后小伙儿的创业路已经走过了两年。

一个偶然的机会，城市小伙儿颜青发现散养鸡蛋的市场潜力巨大，一番考察后，他决定朝着这个方向发展。

然而散养鸡项目对选址非常挑剔，自然环境、道路交通、场地设施因素都要考虑到，这些对从未真正接触过农业的颜青来说堪称难题。就在多方寻觅未果之时，他无意间看到一则潍坊农业青年创业孵化基地开业招商的消息，便立即赶赴基地考察，“水、土、交通、周围环境，各方面的条件都很合适”，随即很快申请入驻。

在潍坊青年农业创业孵化基地，类似个案比比皆是。城市青年创业孵化基地广为覆盖的今天，专门为农业创业青年提供孵化机会的基地因其稀少而尤显突出。据共青团山东省委农村工作部相关负责人介绍，该基地是山东首家青年农业创业孵化基地。

对农业创业青年来说，最缺的是什么？共青团寒亭区委经过调研发现，很多返乡创业青年并没有真正接触过农业，对于土地和其他各方面的农业条件并不熟悉，“我们为他们找了一块合适的地方，提供一些便利条件。其次，基地的成立有助于引导青年投身现代农业，在区里培养一批拥有‘高、精、尖、新’项目的现代农业青年带头人”。

该基地以推广优质种植品种技术、现代绿色农业标准化生产、高精尖新品种示范、发展休闲文化旅游为重点，共有土地 1 100 余亩。其中，初级孵化基地 260 亩，二级孵化基地 840 余亩。

基地的土地资源由潍坊郭牌农业科技有限公司流转而来，经共青团寒亭区委协调，初级孵化基地目前免费提供给入驻企业使用。公司与基地中的好项目建立合作机制，从中获取收益。

说到入驻基地的感受，颜青感慨：“简直像天上掉馅饼一样，10 亩地，可以免费用 3 年，公共设施配备非常齐全，全都可以免费使用。这些减少了我很大一笔投资额，降低了投资风险。”

不仅如此，基地提供由园艺专家、农业局农艺师等组成的团队免费为创业青年提供技术指导，让缺少生产经验的初创业者降低生产风险。对资金短缺的优秀项目，基地可提供资金扶持并协助申请贷款。对于初创业者来说，这些扶持可谓让他们“站住脚、迈开步”。

截至目前，基地已有朝旭农业、潍青休闲垂钓等 6 家企业入驻，引入资金 85 万元，带动自主创业人数 6 人，带动就业 55 人。

仅仅为想创业的青年提供一个场所，这显然并不能完全涵盖当地团组织的设想。基地内设立了名优农产品展示中心、农作物新品种繁育区、网棚绿色蔬菜生产区、大棚设施蔬菜土培区等，“统筹规划，搭建科学产业架构，促进基地内产业相互协作、抱团发展，实现企业的互相带动、互相受益、良性循环。”共青团寒亭区委负责人说。

目前，基地建设集基础设施、技术支持、资金扶持、创新创业等多项服务职能于一体，在初级孵化基地孵化成熟的项目可进入占地840余亩的二级孵化基地扩大经营规模。

从最初创业的毫无头绪，到如今在基地内生根，一步步扩大规模，越来越多的创业青年正在潍坊青年农业创业孵化基地这方试验田中成长起来。

结合基地内的产业发展规划和创业项目资源，该基地将打造农业发展区、休闲农业区、开心农场区3个板块，并进一步完善基地的配套服务团队、创业导师团队，通过设施、机制、人才的完善与创新，为创业青年提供更多有力扶持。

而共青团寒亭区委下一步的工作重点是，为青年搭建更多更好的实践平台，总结创业模式，更好地服务青年创业实践并凝聚青年创业者，全面提升青年的创业质量，帮助青年顺利实现从创业到成功地转变。

(http://qnzz.youth.cn/qckc/201511/t20151120_7330456.htm)

案例1点评

大量实践表明，各类农村创业创新园区（基地）是返乡下乡本乡人员创业创新的重要载体和平台。本案例中的90后城市小伙儿颜青，正是依托山东省共青团组织建设的“潍坊青年农业创业孵化基地”，迈出了创业的步伐，并取得了初步的成功。因此，有关部门提出，以建立农村创业创新园区（基地）为抓手，按照“政府搭建平台、平台聚集资源、资源服务创业”的总体思路和“创设一套政策、搭建一批平台、培育一批带头人、总结一批新模式、构建一个服务体系”的“五个一”工作布局，积极推动农村创业创新园区（基地）建设，进一步强化产业引导、政策集成、典型示范、公共服务、宣传推介等，努力营造浓厚的农村创业创新良好氛围，为农业供给侧结构性改革、加快培育农村发展新动能提供强有力的支撑。鉴此，广大返乡下乡青年如果有在农业和农村领域创业的愿望，就要善于借助这样的创业园区和孵化基地等有利条件，开展农业农村创业，逐步实现自己的经验积累和资本积累，为在创业中少走弯路和喜获成功奠定基础。

典型案例2

80后小伙回乡创业 依托“互联网+”模式发展休闲观光农业

看过电视剧《家的N次方》的朋友一定对剧中男主角的DIY小农场不陌生，一个低碳环保的生态农业园，市区白领们在繁忙的工作之余摆脱城市的喧哗，周末一家人来到郊外体验农家生活，呼吸清新的空气，品尝绿色健康的蔬菜水果，感受大自然的奇妙……

重庆市铜梁县水口镇青年创业者王志成便有这样一个令人向往的农场——石佛山生态观光园。

石佛山生态观光园位于水口镇，距离县城30分钟的车程，海拔接近1 000米。2015年，王志成与人合伙通过土地流转，承包了当地100亩田地建设生态农业观光园，发展乡村休闲旅游，并结合电商平台销售生态特色农产品，依托“线下+线上”的模式带动旅游业发展和当地村民致富。

从工程预算员到“农民”

2010年，从学校毕业的王志成跟随亲戚到成都从事工程预算工作，几年时间下来，王志成觉得“打工不仅辛苦，也没有自由，而且发挥不了自己的能力。”

不甘心为别人打工的王志成辞掉了工作回到家乡，他看好前景良好的乡村旅游市场，决定发展生态观光农业。

“有那么多项目，你为什么选择生态观光农业？”

王志成透露，2013年的一天，中央电视台财经频道报道了一位都市白领辞掉高薪工作，回家发展生态农业并创业成功的新闻，这个故事一下击中了他的内心。想到自己家乡水口镇气候条件优越，环境优美，距离云阳新县城很近，近几年，国家也在大力发展乡村旅游，生态农业充满勃勃生机，目前家乡从事生态观光农业的人很少，有很大的市场空白。

发现这一商机后，王志成就马不停蹄地到各地考察，成都的乡村旅游发展成熟，他便四处参观别人的生态农业项目，学习他们的经验，重庆乡村旅游有名声的区县，他也都走遍了。通过考察学习，王志成和人合伙承包了佛安村的100亩土地，2015年5月1日正式启动乡村旅游项目，7月建立源峰电子商务平台。

明知是道“坎”但也要设法跳过去

“创业确实需要勇气，当初说要搞生态农业，大家都觉得我疯了。”王志成说起当初的选择，很是感慨。“我老丈人听说我辞了职要回来发展农业，都跟我急了，三天两头打电话或是跑家里劝说。”王志成说。

“没听过谁搞农业赚钱的，家里负担不轻，不能是坎也要跳啊！”老丈人的担忧不是没有道理。王志成的孩子才一岁多，一家三口一个月生活费最少四五千元，自己的辞职创业意味着家里不仅没有收入来源，还要投入巨额资金，而发展农业的效益谁都不能预期。

最终，合伙人的不断鼓励和妻子的信任让王志成坚持了下来，他坚信自己对未来的判断。“如果我放弃了，而别人却干成功了这件事，那我肯定是要后悔的。”王志成说，“我相信乡村旅游有很好的前景。”

自开始创业以来，王志成勤勤恳恳，每天很早就往山上、项目部跑，经常忙到凌晨才回家。对于没干过农业的他来说，很多东西都需要学习。规划项目、设计图纸，以及网站的建立、设计等都需要他亲自参与，不懂的，他便跑去问行家、查资料。他还参加了政府组织的“致富带头人”等相关培训，学习创业知识。

“创业时，很多你不曾设想的问题都会接踵而至。”王志成说，他承包了佛安村农民的田地，为了便于对园区的管理，他们打算修建围栏和公路，而此举遭到了村民的反对，一是认为围栏挡路了；二是在园区修路，被认为破坏了土地。

“和村民打交道要设身处地从他们角度考虑，最大限度地方便村民。”王志成和合伙人主动上门与村民进行沟通交流，把计划告诉村民，他们还请政府工作人员帮忙牵线沟通说服村民。王志成还聘请了村民在园区内打工，打理蔬菜基地或是果园，让村民自己管理自己的土地。

“创业过程虽然很艰苦，但要有大无畏的精神。很多事情看起来不切实际，但只要一步一步地做，把每件事做好了，那些看起来不切实际的东西就都能成为现实。”王志成说。

跳出农业做农业

“传统农业的经济效益比较低，所以我就想跳出农业做农业，通过互联网给农业插上翅膀。”如今，王志成和合伙人建立了石佛山生态农业观光园实体项目和源峰电子商务平台，依托“线下”＋“线上”两个平台发展农业。

“线下”，即集合有机蔬菜、生态养殖、农业观光与休闲旅游于一体的生态观光农场这一经济实体；“线上”，则通过互联网整合销售当地农户的农特产品、推广乡村旅游。

目前，石佛山生态观光园已经初具规模。在观光园内，一排整齐的木制避暑房掩映在一片小花丛中，湖水相伴左右，在蓝天白云的映衬下，别有一番风味。

“在我们这里，游客一整天都有耍头。”王志成介绍，观光园内设置了开心农场、瓜果区、赏花区、垂钓区、露营区等，还种植有蓝莓、果桑等多种特色水果，可同时接纳上千名游客采摘和游玩。

源峰电子商务平台作为线上平台，将观光园自产的蔬菜、水果、肉类及合作农户的农产品搬到网上进行销售。“现在园内种植的李子、瓜果快成熟了，随时放到网上销售，有很多在外打工的云阳人喜欢通过网站购买家乡的农产品。”王志成说，通过“互联网+”发展农业，当地农产品销量大大提高，直接增加了农民收入。

目前，王志成的观光园还在不断完善之中。对于未来的规划，王志成希望能打造成一个乡村迪士尼乐园，游客们在他的观光园内能实现吃喝玩乐游等多位一体的体验，既能享受乡村的宁静，又不会孤独无聊。

（https：//www.cyegushi.com/3239.html）

案例2点评

从本案例王志成创业过程可以看出，其创业正赶上国家大力倡导“大众创业、万众创新”的大好环境，赢得了有关各方面的大力支持。除此而外，王志成敏锐的市场意识、独到的眼光、坚毅的意志、吃苦耐劳的精神、孜孜以求的学习态度，以及利用现代化手段改造传统农业的新发展理念使其创业成功成为一种必然。因此，为大力发展农村经济，鼓励和支持农村创业，促进农民持续增收，国家和各地出台了一些政策，从土地、资金、税收，以及创业培训等方面提供支持，有效地促进了农村创业和农民增收。

典型案例3

“90后”女大学生的创业路

出村、进城，这条人生的轨迹，曾经令无数怀揣梦想的年轻人向往；离城、回村，这条创业的弧线，如今却越来越多的成为有志青年的无悔选择。

在吉林省通化市二道江区鸭园镇鸭园村，村民都觉得25岁的董辉是个挺能“折腾”的姑娘。大学毕业前，她已经考取了教师资格证书，参加了“三支一扶”招募考试并被录取。然而，“90后”的董辉偏偏就回到农村，回到了家乡，她说唯有家乡这片热土才是她大展宏图、实现梦想之地。2015年春，还未毕业的董辉，就在镇里、村里和家人的支持下，包下了770亩土地，创办了一家以种植、养殖、销售为一体，以绿色生态为发展理念，以共同致富为宗旨的农民专业合作社，开启了自己的创业梦想。

说起创业初衷，董辉回忆起在上大学期间，一次去集安的同学家玩，看到当地农民平地种植参个个致富后，就动了心思，想着要把这项技术引到鸭园村，打破鸭园村长期以来农民一直以种植传统农作物为生的模式。董辉借助同学的人脉资源，以技术入股的方式从集安请来专业技术人员，在鸭园村首次平地种植人参100亩，同时种植紫苏120亩、有机高粱320亩、有机玉米230亩。为促进生态农业持续稳定发展，实现种植、养殖有机结合，2016年冬，董辉在家人的扶持下，投资200多万元建起了养牛场。目前，牛存栏、出栏总量达千头以上，高峰期存栏200多头。

激情创业原为实现梦想，然而创业路上困难重重，远远不是“90后”女孩董辉想的那么简单。绿色种植紫苏，全靠人工拔草，可是杂草疯长人工无论如何也控制不了，不得已30多亩紫苏全部毁掉改种荞麦。紧接着，2017年春天刚刚埋种的300多亩高粱遭遇冰雹，为抢农时不得不高价雇人补苗，仅这一块就损失达10万多元，董辉流下了眼泪。屋漏偏遇连阴雨，是年春天，奶牛产犊后，20多头幼崽不明原因地拉痢疾陆续死亡。面对如此打击，董辉没有屈服，她积极面对，先是上网查找原因，后又请来了通化市区、通化县、二道江区及白山市等地的兽医，共同研究对策，最终确定了治疗和预防方案，终于化解了这场危机。

有了专业合作社后，村里一些独自生活的老人来合作社干一些力所能及的活儿，多少有了些收入，这让董辉很是欣慰。如今，合作社已经吸纳80多户农民加入合作社；春秋农忙季节，每天吸纳农村劳动力就业达60余人，每人每天收入100多元。合作社长期雇用工人30多人，每月人均工资2 400多元。许多过去外出打工找活干的农民，也纷纷回乡加入到合作社中务工。鸭园村村民因董辉的辉越中药材农民专业合作社，开始朝着富裕的生活迈进。

董辉正在筹划依托鸭园镇云霞洞AAAA景区的旅游优势，建设生态采摘园，以绿色引领观光旅游的发展；利用绿色种植的产业优势开展粮食深加工，借助鸭园村电商平台开展网上销售，打造自己的品牌；利用二道沟村优质山泉水优势和二道沟村小学闲置房屋，开办酿酒厂，酿酒的副产品用于饲养育肥牛。届时，董辉创办的辉越中药材农民专业合作社，将以“种植＋酿造＋养牛＋有机肥＋种植”的循环产业链进行生产经营，对二道江区鸭园镇的高效、特色、生态农业起到示范带动作用。

“90后”女孩董辉从“城市梦”到“乡村梦”的转变，展示的不仅仅是个人的自强自立和勇于追求人生价值的时代风采，它还展现了现代年轻人通过大学生返乡创业、因地制宜地发展特色产业，以激活乡村沉寂的生命力，助力家乡美丽蜕变，最终实现乡村生态和文化延续的远大抱负及宏伟志向。

（http：//www.jlagri.gov.cn/Html/2017_11_07/2_1986_2017_11_07_350321.html）

案例3点评

本案例所展现的“90后”女孩董辉从“城市梦”到“乡村梦”的转变，其所揭示的不仅仅是个人的自强自立和勇于追求人生价值的时代风采，而且还揭示了她还通过大学生返乡创业，因地制宜地发展特色产业，激活了乡村沉寂的生命力，从而助力家乡美丽蜕变，最终实现乡村生态和文化的延续。此外，从本案例还可以看到，董辉的成功创业，一是有其敏锐的商业意识做铺垫；二是具有共同致富的团队意识；三是其坚毅、不屈不挠，不向困难低头的品质，也是其成功创业所必备的。

政策依据

《国务院关于进一步做好新形势下就业创业工作的意见》（国发〔2015〕23号）。

《国务院关于大力推进大众创业万众创新若干政策措施的意见》（国发〔2015〕32号）。

《国务院办公厅关于发展众创空间推进大众创新创业的指导意见》（国办发〔2015〕9号）。

《国务院办公厅关于支持农民工等人员返乡创业的意见》（国办发〔2015〕47号）。

《国务院办公厅关于支持返乡下乡人员创业创新促进农村一二三产业融合发展的意见》（国办发〔2016〕84号）。

国务院办公厅《关于完善支持政策促进农民持续增收的若干意见》（国办发〔2016〕87号）。

《农业部关于实施推进农民创业创新行动计划（2015—2017年）的通知》（农加发〔2015〕3号）。

《农业部办公厅、共青团中央办公厅、人力资源社会保障部办公厅关于开展农村青年创业富民行动的通知》（农办加〔2015〕17号）。

《农业部办公厅关于印发全国农产品加工业人才培训等三个行动方案的通知》（农办加〔2017〕28号）。

《农业部办公厅、中国农业发展银行办公室关于政策性金融支持农村创业创新的通知》(农办加〔2017〕29号)。

《农业农村部关于大力实施乡村就业创业促进行动的通知》(农加发〔2018〕4号)。

政策解析

2015年4月，国务院印发《关于进一步做好新形势下就业创业工作的意见》，其专门列了“鼓励农村劳动力创业”一条，指出，支持农民工返乡创业，发展农民合作社、家庭农场等新型农业经营主体，落实定向减税和普遍性降费政策。依托现有各类园区等存量资源，整合创建一批农民工返乡创业园，强化财政扶持和金融服务。将农民创业与发展县域经济结合起来，大力发展农产品加工、休闲农业、乡村旅游、农村服务业等劳动密集型产业项目，促进农村一二三产业融合。依托基层就业和社会保障服务设施等公共平台，提供创业指导和服务。鼓励各类企业和社会机构利用现有资源，搭建一批农业创业创新示范基地和见习基地，培训一批农民创业创新辅导员。支持农民网上创业，大力发展“互联网+”和电子商务，积极组织创新创业农民与企业、小康村、市场和园区对接，推进农村青年创业富民行动。

2015年6月，国务院印发《关于大力推进大众创业万众创新若干政策措施的意见》(以下简称《意见》)，直接针对农村创业有两条：一是支持返乡创业集聚发展。《意见》指出，结合城乡区域特点，建立有市场竞争力的协作创业模式，形成各具特色的返乡人员创业联盟。引导返乡创业人员融入特色专业市场，打造具有区域特点的创业集群和优势产业集群。深入实施农村青年创业富民行动，支持返乡创业人员因地制宜围绕休闲农业、农产品深加工、乡村旅游、农村服务业等开展创业，完善家庭农场等新型农业经营主体发展环境。二是完善基层创业支撑服务，要求加强城乡基层创业人员社保、住房、教育、医疗等公共服务体系建设，完善跨区域创业转移接续制度。健全职业技能培训体系，加强远程公益创业培训，提升基层创业人员创业能力。引导和鼓励中小金融机构开展面向基层创业创新的金融产品创新，发挥社区地理和软环境优势，支持社区创业者创业。引导和鼓励行业龙头企业、大型物流企业发挥优势，拓展乡村信息资源、物流仓储等技术和服务网络，为基层创业提供支撑。

2015 年 3 月，国务院办公厅印发《关于发展众创空间推进大众创新创业的指导意见》，其提出要营造创新创业文化氛围。要求积极倡导敢为人先、宽容失败的创新文化，树立崇尚创新、创业致富的价值导向，大力培育企业家精神和创客文化，将奇思妙想、创新创意转化为实实在在的创业活动。加强各类媒体对大众创新创业的新闻宣传和舆论引导，报道一批创新创业先进事迹，树立一批创新创业典型人物，让大众创业、万众创新在全社会蔚然成风。

2015 年 6 月，国务院办公厅印发《关于支持农民工等人员返乡创业的意见》，提出了通过“促进产业转移带动返乡创业”“推动输出地产业升级带动返乡创业”“鼓励输出地资源嫁接输入地市场带动返乡创业”“引导一二三产业融合发展带动返乡创业”“支持新型农业经营主体发展带动返乡创业”等五个方面的任务，以及“降低返乡创业门槛”“落实定向减税和普遍性降费政策”“加大财政支持力度”“强化返乡创业金融服务”“完善返乡创业园支持政策”等五个方面的政策，非常富有“含金量”。

2016 年 11 月，国务院办公厅印发的《关于支持返乡下乡人员创业创新促进农村一二三产业融合发展的意见》（国办发〔2016〕84 号）指出，近年来，随着“大众创业、万众创新”的深入推进，越来越多的农民工、中高等院校毕业生、退役士兵和科技人员等返乡下乡人员到农村创业创新，为推进农业供给侧结构性改革、活跃农村经济发挥了重要作用。返乡下乡人员创业创新，有利于将现代科技、生产方式和经营理念引入农业，提高农业质量效益和竞争力；有利于发展新产业新业态新模式，推动农村一二三产业融合发展；有利于激活各类城乡生产资源要素，促进农民就业增收。提出，在政策措施上，要简化市场准入、改善金融服务、加大财政支持力度、落实用地用电支持措施、开展创业培训、完善社会保障政策、强化信息技术支撑、创建创业园区（基地）等。

2016 年 11 月，国务院办公厅印发《关于完善支持政策促进农民持续增收的若干意见》，专门列了“支持农民创业创新”一条，指出：“大力发展农产品加工、休闲农业和乡村旅游、农村服务业等劳动密集型产业项目，推进农村产业融合发展”“实施农民工等人员返乡创业培训五年行动计划，支持返乡创业园、返乡创业孵化园（基地）、信息服务平台、实训基地和乡村旅游创客示范基地建设”“实施‘互联网＋’现代农业行动，大力发展农产品电子商务，提高农村物流水平”“提升休闲农业和乡村旅游发展质量，改善公共服务设施条件”“推动科技、人文等元素融入农业，积极探索农产品个性化定制服务、会展农业、农业众筹等新型业态。挖掘农村传统工匠技艺，发展一乡一业、一村一品，培育乡村手工艺品和农村土特产品品牌。”

2015 年 7 月，农业部印发《关于实施推进农民创业创新行动计划（2015—2017 年）的通知》，提出要从三个方面积极营造农民创业创新政策环境：一是加强政策落实和创设。贯彻落实国家扶持创业创新的各项政策，认真梳理并广泛向农民宣传，加强与有关部门配合，强化督查落实，打通政策落实“最后一公里”，确保各项优惠政策落地生根。积极推动各地从实际出发，制定更加优惠的支持政策，推动强农惠农富农政策和农业农村补助项目等向农民创业创新倾斜。加强调查研究，针对新情况新问题，研究并创设新的政策。二是探索建立农民创业创新基金。鼓励有条件的地方和各类协会、中介组织等根据国家有关规定，吸引相关的投资机构、金融机构、企业和其他社会资金探索建立农民创业创新基金，为创业创新农民提供金融服务。三是支持地方开展农民创业创新示范试点活动。在现有的新型职业农民培育示范县等农业部认定的各类示范县范围内，根据相应的标准和条件，选择并支持一批政策落实好、创业创新环境优、氛围浓、人数多、成功率高的县开展示范试点，在此基础上总结经验做法，广泛宣传推广，示范带动农民创业创新。

2015 年 10 月，农业部办公厅、共青团中央办公厅、人力资源社会保障部办公厅印发《关于开展农村青年创业富民行动的通知》，提出要认真落实创业创新政策。一是认真贯彻国家扶持创业创新的各项政策，落实好创业担保贷款、定向减税、普遍性降费、“三证合一”、创业投资引导基金、就业创业服务补贴、农民工技能提升培训等扶持政策，落实为采用众创、众包、众扶、众筹支撑平台的小微企业免费提供相关服务的政策；二是面向农村青年加强政策宣贯，注重与有关部门配合，强化督查落实，打通政策落实“最后一公里”，确保各项优惠政策落地生根；三是积极推动各地从实际出发，加强调查研究，制定更加优惠的支持政策，推动强农惠农富农政策和项目涵盖农村青年创业领域；四是支持农村青年创办、领办农民合作社和家庭农场等新型农业经营主体，积极创建休闲农业示范点、农产品加工合作社示范单位、主食加工示范企业等，农产品产地初加工补助政策向农村青年创业重点倾斜；五是将农村青年创业与发展县域经济、促进农村一二三产业融合结合起来，大力发展劳动密集型产业和特色农业项目，推动强化财政扶持和金融服务，做强一产、做优二产、做活三产，带动农民增收致富。

2017 年 10 月，农业部办公厅《关于印发全国农产品加工业人才培训等三个行动方案的通知》印发的《农村创业创新人才培训行动方案》，要求通过整合培训资源，完善培训内容，改进培训方法，提高培训质量，在 2018—2020 年，完成在全国培训农村创业创新人才 40 万人次的目标，使农村创业创新人才队伍规模不断壮大，人才素质大幅提高，各类机构服务农村创业创新的能力明显提升，农村创业创新队伍结构进一步优化。期间，要着重做好四个方面的主要工作，一是加强政策指引，即通过编制手册，制定明白卡，编发短信、微信、微博等方式，广泛宣传解读政策措施，将国家支持农村创业创新的优惠政策介绍给各地农村创业创新人员，使他们及时知晓政策，增长见识；二是汇聚形成合力，即采取线上学习与线下培训、自主学习与教师传授相结合的方式，开辟培训新渠道，并与青年农场主培训计划、新型农业经营主体带头人培训计划和农村实用人才带头人示范培训等结合起来，通过合作等方式开展多种多样的创业创新培训，全面提升创业创新人员的生产经营、市场拓展、品牌打造、公司治理等方面的能力；三是着力培训“双创”导师，即通过组织实施全国农村创业创新导师“百千万”人才培训计划，力争通过3年努力，在全国组织培养100名左右的国家级、1 000名左右的省级、10 000名左右的县市级农村创业创新导师；四是强化典型宣传，即发挥好典型案例的示范带动作用，充分利用各类媒体特别是新媒体，宣传创业创新的好模式好经验，宣传创业创新的先进典型和优秀带头人，努力营造支持创业创新的良好氛围，同时结合全国农村创业创新项目创意大赛，发现一批典型，树立一批标杆，供农村创业创新人员学习借鉴，更好地激发创业创新的内生动力。

2017年11月，农业部办公厅、中国农业发展银行办公室印发《关于政策性金融支持农村创业创新的通知》，提出了准确把握政策性金融支持农村创业创新的重点范围：一是积极支持创业创新园区等创新体系建设。促进科技与农村经济融合发展，推动农村创业创新向更大范围、更高层次、更深程度发展，着力支持建设一批集标准化原材料基地、规模化种养设施、集约化加工园区和体系化服务网络于一体的各类现代农业产业园、农业科技园、农民创业园，支持创业创新示范基地、创业孵化基地、创客服务平台等，为农村创业创新奠定基础。二是积极支持返乡下乡人员培训基地建设。推动构建返乡创业服务体系，提高返乡下乡人员素质，支持返乡创业培训实习基地、中高等院校及农业企业创业创新实训基地、农民职业技能培训基地建设，支持培训创业扶贫一体化基地建设，以及对建档立卡贫困人口脱贫有带动作用的培训工程、创业培训平台建设、“互联网+”创业培训体系建设等，推动新型职业农民培育工程、农村青年创业致富“领头雁”计划、贫困村创业致富带头人培训工程等，为农村创业创新储备人才。三是积极支持返乡下乡本乡人员发展新产业新业态新模式。鼓励和引导返乡下乡本乡人员开展适度规模经营、创办经济实体和企业，按照全产业链、全价值链的现代产业组织方式开展创业创新，建立合理稳定的利益联结机制，提升农村融合型产业的辐射带动力，支持以农牧（农林、农渔）结合、循环可持续为导向，发展优质高效绿色农业的工程及项目，支持产业链条健全、功能拓展充分、业态新颖的新产业和新业态，鼓励和扶持创业基础好、能力强的返乡下乡本乡人员大力开发乡土乡韵乡情潜在价值，发展休闲农业、乡村旅游、农村电商等新兴产业，提升农业价值链，拓宽农村创业创新领域。

2018 年 4 月，农业农村部印发的《关于大力实施乡村就业创业促进行动的通知》（以下简称《通知》）提出：要“围绕发展特色产业促进就业创业”，并指出：“支持发展农产品初加工、精深加工、综合利用加工、主食加工、休闲旅游、电子商务等优势产业，鼓励发展特色农业、传统民俗民族工艺，手工编织、乡村特色制造、乡土产业、养生养老、科普教育和生产性服务业等乡村特色产业，指导发展分享农场、共享农庄、创意农业等，培育发展家庭工厂、手工作坊、乡村车间，鼓励在乡村地区兴办环境友好型企业，实现乡村多元化就业创业。”此外，该《通知》还提出：要“围绕推动产业融合促进就业创业”，并指出，积极推广农业内部融合、产业延伸融合、功能拓展融合、新技术渗透融合、产城融合和复合型融合等多种融合模式；支持发展循环型、终端型、体验型、智慧型等农业新业态，推进智能生产、经营平台、物流终端、产业联盟和资源共享等农业新模式；大力引导农业与乡村工艺、制造、文化、教育、科技、康养、旅游、生态、信息等产业深度融合，指导各类园区重点建设融合产业、集群发展和利益联结机制等内容，培育一批农村一二三产业融合发展示范园和先导区，为乡村就业创业提供更多选择和机会。在“强化政策落实”方面，该《通知》提出：“各地要认真对照《国务院办公厅关于支持返乡下乡人员创业创新促进农村一二三产业融合发展的意见》等文件，尽快制定出台相应的实施意见，进一步推动各项就业创业政策细化实化、落地见效。通过政府购买服务、以奖代补、先建后补等方式，支持乡村就业创业项目；通过保底分红、股份合作、利润返还等多种形式，让农民合理分享全产业链增值收益；通过创设新的财税、金融、用地、用电、科技、信息、人才等配套政策措施，构建全链条优惠政策体系；通过深化'放管服'改革，激活市场、要素和主体活力。"

这些政策措施，为在农村开展休闲农业和乡村旅游领域的创业创造了宽松的环境和赢得支持的条件，必将对发展休闲农业和乡村旅游，加快乡村振兴产生积极的推动作用。

（三）宣传推介

做好休闲农业和乡村旅游的宣传推介工作，对于扩大休闲农业和乡村旅游景点线路的知名度及影响力，丰富城乡居民旅游消费选择，营造促进农民就业增收、拉动城乡居民休闲消费氛围具有极其重要的意义。

典型案例1

江苏南通组团沪上"吆喝"休闲游

2017年9月22～25日，2017"长三角"休闲农业和乡村旅游博览会在上海国际农展中心举办，江苏省南通市休闲农业和乡村旅游以其江风海韵的浓郁地方特色，成为博览会一大亮点。

本届博览会由"长三角"三省一市农委、旅游局共同参与。南通市作为江苏省唯一设区的市组团参展，组织37家优秀休闲农业和乡村旅游企业吆喝推介。

南通市副市长赵闻斌说，近年来，南通围绕国家现代农业示范区建设，通过政策激励和引导，休闲农业和乡村旅游取得长足发展，涌现一批各具特色、优势明显、品位高的现代休闲农庄示范点。目前，全市各类规模休闲农业企业达212家，总资产超过100亿元，年营业收入31.6亿元，年接待游客总人数950.6万人次。如皋市、海门市和启东市已跻身国家休闲农业和乡村旅游示范县行列，有20家国家级休闲农业星级企业，数量居全省前列。

目前，南通市农业部门通过融合自然生态、农业产业和文化优势资源，突出沿江、沿海、城郊3个核心休闲农业带，精心设计15条休闲农业精品线路，成为“长三角”农业休闲旅游的一大亮点。其中，如皋金岛生态园、南通世外桃源等打造的江苏沿江休闲农业线路被评为全国十佳精品休闲线路。

“打造‘长三角’休闲观光农业示范区，是南通矢志不移的目标。”南通市农委主任朱进华表示，南通农业部门将重点培育100家有代表性、有品位、有影响力的休闲农业示范点，不断丰富其内涵、提升品位，引领南通休闲农业和乡村旅游向着规模化、集群化发展，推进南通农村一二三产业融合发展。

(http://news.sina.com.cn/o/2017-09-26/doc-ifymenmt6933081.shtml)

案例1点评

近年来，江苏南通依靠自身的资源和区位优势，立足“长三角”，接轨上海都市圈，围绕生态文明城市、现代高效农业和高效农业规模化，突出江海文化特色，开发唯一性文化旅游资源，加快自然生态优势、农业产业优势和文化资源优势有机融合，融地域文化于观光采摘、休闲体验、农家旅游、科普展示等休闲农业产业发展中，以园区化、精品化、高端化为发展方向，大力发展特色休闲农业，打造休闲观光农业示范区，走出了一条卓有成效的发展道路。为了加强对南通休闲农业和乡村旅游的宣传推介，依托南通与上海地缘相近、人缘相亲、文化相通、经济相融，两地交往十分密切的天然优势，南通市瞄准了上海市这个庞大的消费市场，主动进行宣传推介、招商洽谈和建设上海大都市北翼门户等，有效地加深了上海市民对南通休闲农业和乡村旅游的了解，丰富了上海市民的旅游选择；也大大吸引了大批上海市民前往南通的休闲农业和乡村旅游景点进行旅游消费，提高了南通市的休闲农业和乡村旅游接待人次数、营业收入和经济效益。

典型案例2

芜湖县花桥镇认真做好休闲农业和乡村旅游宣传推介

安徽省芜湖县花桥镇为进一步做好休闲农业和乡村旅游宣传推介工作，经细致考察镇内各类优秀休闲农业和乡村旅游观光点，以芜雁高速、杨黄、九三、芜太二级、花九、花东等镇内主要交通干线为枢纽，全面布局花桥镇休闲、体验、养生观光带，积极打响花桥镇的知名度和美誉度，达到促进花桥镇经济社会全面发展，创建美好新花桥的目标。

截至2016年底，花桥镇拥有休闲农业企业及其他新型农业经营主体示范点13个、乡村旅游示范点7个，逐步形成了依托“芜雁-杨黄-九三”沿线观光路线和“春季逛庙会、夏季摘油桃、秋季品金蟹、冬季来养生”的四季导览示意路线。

近年来，花桥镇党委、政府认真部署，积极打造“以东门、红光为核心，重点连片发展青虾、河蟹等特色水产养殖区；以花桥、五四、复兴为核心，重点连片发展特色水果、大棚蔬菜等精品蔬果种植区；以九十殿、庙音为核心，重点连片发展优质品牌苗木种植区；以城东、老观、成村、隆兴、黄池、永兴为核心，重点连片发展优质粮油种植区”；以花东路两侧为延伸，打造特色水产养殖、休闲垂钓、捕捞等渔业旅游观光带；以花九路两侧为延伸，打造精品果蔬采摘、农耕体验观光带；以杨黄路两侧为延伸，打造绿色生态农家乐休闲观光带；以芜雁高速、芜太二级公路两侧为延伸，打造优质粮油田园景观带。此外，花桥镇着眼于“四个万亩”和乡村旅游基地，结合本镇资源优势，将继续完善基础设施建设，强化休闲农业和乡村旅游宣传推介，以促进休闲农业和乡村旅游的健康快速发展。

（http：//www.ahnw.gov.cn/nwkx/Content/ba29a756 - 73c6 - 4bcf - 8874 - 796c86b0204a）

案例2点评

从本案例可以看出，休闲农业和乡村旅游宣传推介工作，要根据当地实际和季节特点，经过分区域、有特色、连成片地精心打造，有步骤、有重点、分时段地推出了“春季逛庙会、夏季摘油桃、秋季品金蟹、冬季来养生”的休闲农业和乡村旅游精品景点线路，利用多媒体、多形式、多渠道宣传，从而打响了当地的知名度和美誉度，营造出促进农民就业增收、拉动城乡居民休闲消费的良好氛围，达到了促进当地经济社会全面发展，创建美丽乡村的目标。

典型案例3

山西省精选出26条线路108个景点进行乡村旅游推介

2017年9月16日，山西省休闲农业和乡村旅游精品线路精品景点推介活动在中国（太原）煤炭交易中心举办，该活动共推介了26条线路、108个景点，并向山西皇城相府文化旅游有限公司生态农业区、山西凤凰山生态植物园有限公司、山西上党振兴现代农业集团等单位授予“全国休闲农业和乡村旅游五星级示范企业”牌匾。

据悉，本次推介活动在全省范围精选了108个景点、26

条线路，这些精品景点的标准档次、规模水平、特色亮点都代表了山西休闲农业和乡村旅游的最高水平。目前，山西省已创建全国休闲农业和乡村旅游示范县9个、示范点16个；山西省休闲农业和乡村旅游示范县23个、示范点161个；中国最美休闲乡村8个、中国美丽休闲乡村5个、中国美丽田园3个，中国休闲农业和乡村旅游星级企业44家。

发展休闲农业和乡村旅游，有利于农村产品变礼品，增加农民的经营性收入；有利于民房变客房，增加农民的财产性收入；有利于农区变景区，扩大就业容量，增加农民的工资性收入。2016年，山西全省休闲农业和乡村旅游接待游客2 300万人次，带动12万户农民就业增收。休闲农业和乡村旅游已经日益成为农业旅游文化“三位一体”、农村一二三产业深度融合的新产业新业态新模式，在发展现代农业、增加农民收入、建设社会主义新农村和全面建成小康社会中发挥着越来越重要的作用。

省农业厅关建勋厅长在致辞中说，本次推介活动是在全省上下深入学习贯彻习近平总书记视察山西重要讲话精神，深入推进农业供给侧结构性改革的背景下举办的。活动旨在通过精品线路和景点的推介发布，助力休闲农业和乡村旅游，带动全省现代农业转型升级，推动山西农业农村经济又好又快发展。

（http://jconline.gov.cn/Contents/Channel_6928/2017/0917/1416712/content_1416712.htm）

案例3点评

据了解，山西省为了做好休闲农业和乡村旅游宣传推介工作，其精品景点、精品线路设计主要围绕“春节到农家过大年”“早春到乡村去踏青”“初夏到农村品美食”“仲秋到田间去采摘”四大主题活动，择优进行筛选和推介。按照要求，精品景点主要以当地重要农业文化遗产、休闲农业和乡村旅游示范县（示范点）、最美休闲乡村以及其他知名度高的休闲农业景点为基础进行确定。“春节到农家过大年”主要围绕当地特色农耕文化和年俗文化，设计精品休闲农业和乡村旅游线路；“早春到乡村去踏青”主要是在每年早春时节农作物花期前后，以桃花、梨花、油菜花等农事景观为主轴，由各市设计精品休闲农业和乡村旅游线路；“初夏到农村品美食”主要在每年初夏时节新鲜果蔬大量上市期间，结合当地鲜食特产，设计精品休闲农业和乡村旅游线路；“仲秋到田间去采摘”是在每年秋季瓜果蔬菜成熟期前后，结合当地休闲农业景点的采摘条件，设计精品休闲农业和乡村旅游线路。通过休闲农业和乡村旅游精品景点、精品线路的宣传推介，不仅满足了城乡居民到乡村休闲度假的个性化需求，拉动了城乡居民的休闲消费，而且进一步营造出休闲农业和乡村旅游的良好发展氛围，提升了整个产业影响力和竞争力，扩大了精品景点和线路的知名度。

典型案例4

长春市双阳区推出5条休闲农业和乡村旅游精品线路

“我们整合了双阳域内温泉养生、梅花鹿、果蔬采摘、休闲垂钓等特色资源，推出5条乡村旅游精品线路，为百姓国庆假期出游提供选择。”2017年9月26日，在“金秋，我们在双阳约会”主题活动新闻发布会上，吉林省长春市双阳区区长马国成发出了热情邀约。

据了解，双阳区精心策划了涉及全区23个旅游景点的5条休闲农业和乡村旅游精品线路，分别是温泉康养之旅、绿色采摘之旅、民俗文化之旅、亲山赏花之旅和清新乡韵之旅，游客可根据自身需求，选择“旅行社承接”和“自助游”等方式休闲娱乐。9月28日、29日，以“水陆空狂欢太平镇”为主题的首届吉林双阳滑翔伞锦标赛暨金秋赏花节在双阳区太平镇肚带河村率先登场，滑翔伞空中激情、肚带河水上风情、油菜花漫步留影等环节，让游客体验到了高空刺激、水面泛舟、儿童涂鸦等乐趣。

“以生态休闲旅游为代表的现代服务业，已经逐步成为拉动双阳区经济社会发展的新引擎。”马国成表示，此次主题活动旨在充分利用“十一黄金周”这个特殊时间节点，加强全域旅游示范区创建工作，持续提升双阳对外影响力。

近年来，长春市双阳区始终把发展旅游业作为推动经济快速发展、产业结构持续优化、城市影响力不断提升的重要举措，依托丰富的山水资源和良好的生态优势，全域旅游建设取得明显成效。长春市双阳区先后被评为吉林省乡村旅游示范区、全国旅游综合改革试验区、全国休闲农业和乡村旅游示范县（区、市），并于2016年被评为国家全域旅游示范区首批创建单位。2017年前8个月，全区共接待游客371.7万人次，实现旅游收入39.9亿元，同比分别增长15.7%、30.1%。

（http://www.ccnews.gov.cn/gbxq/201709/t20170927_1810369.html）

案例4点评

吉林省长春市双阳区的旅休闲农业和乡村旅游的发展总体定位为：国际知名的康体休闲旅游胜地、国内特色鲜明的康体养生旅游目的地、东北地区特色文化旅游示范区、长吉都市圈近郊乡村旅游核心目的地；其产品的开发坚持以“多彩乡村，快乐双阳”为主题，重点打造乡村生态度假游、康体健身养生游、民俗文化体验游、休闲农业观光游四大主打产品；核心旅游景区可以概括为“一山一水一温泉、一庙一鹿一文化”的“六个一”，即长春吊水壶国家森林公园冰溶洞观光区、双阳湖旅游风景区、御龙温泉度假村、圆通寺宗教文化游览区、中国梅花鹿之乡以及李宝凤剪纸艺术博物馆等。围绕核心旅游景区建设，通过采取景区带动、乡镇组织、“公司＋农户”、政府主导综合开发等多种模式，鼓励和扶持了160多家特色各异、业态丰富的田园农庄、乡村俱乐部、乡村度假区、乡村酒店、农家乐、休闲农庄、山水人家、采摘篱园等多种类型的乡村旅游企业，区域内千平方米规模以上垂钓池有 150 多处，乡村旅游景区（点）直接从业人员达 1.85 万人。双阳区在发展休闲农业和乡村旅游的过程中，不仅探索和创造出了典型的发展模式，丰富了旅游产品内容，推动了假日旅游的发展，同时还有效地带动了农业、农村经济发展，促进了农民增收致富。依托如此雄厚的基础，双阳区注重休闲农业和乡村旅游精品景点和精品线路的打造和设计，并着力进行宣传推介，显著提高了双阳休闲农业和乡村旅游的知名度和影响力，有效地促进了双阳现代农业与农村经济社会的健康发展。

典型案例 5

中国休闲农业图形符号与使用原则要求

根据农业部 2015 年 10 月 9 日发布、2015 年 12 月 1 日实施的中华人民共和国农业行业标准《休闲农业术语、符号规范》(NY/T 2857—2015)，对中国休闲农业的图形标识规定如下：

1. 图形符号

图形标识设计符合 GB/T 10001.1—2000、GB/T 10001.2—2002 和 GB/T 10001.4—2003 等标准对符号设计的规定。休闲农业标识图形符号见图 1。

图 1　休闲农业图形标识

2. 安全与美观

（1）图形符号设施不应存在对人体造成伤害的潜在危险。

（2）图形符号设置后应定期检查。发现损坏，影响其功能或美观效果时，应及时予以更换。

3. 尺寸

图形符号应有足够的尺寸，设置在最容易看见的地方，并使大多数观察者的观察角接近 90°。选择尺寸应符合 GB/T 15566—1995 第 8 章的规定。实际尺寸取决最大观察距离及标识的设置高度。

4. 高度

图形符号的设置高度应符合 GB/T 15566—1995 中 6.6 的规定。为了保证清晰度，标识的设置应在与观察者视角正常方向的中心线偏移 5°范围内；如受条件限制无法满足该要求，也可在 10°的偏移范围内设置。

5. 制作

图形符号的制作应符合《图形标志　使用原则与要求》（GB/T 15566—1995）中的规定。

6. 应用场所

（1）应在入口区域设置本图形符号，图形符号的选择应与实际情况相符，并布置清晰。

（2）在道路分岔口应设置导向标识。当距离很长或环境复杂时，即使没有道路分岔口，也应以适当的间隔距离重复导向标识。导向标识上应附有本图形符号。

（http：//www.sohu.com/a/151739514_273128）

案例5点评

为进一步推进我国休闲农业规范化与创新发展，增强休闲农业的社会认知度和显示度，提升休闲农业发展水平，农业部

2015 年 10 月 9 日发布的中华人民共和国农业行业标准《休闲农业术语、符号规范》（NY/T 2857—2015），对中国休闲农业的图形标识进行了规定。之后，各地根据自身需要和特点，推出了设计简洁、直观明了、美观大方的休闲农业图形标识，有效地展现了我国休闲农业风采。

政策依据

《农业部办公厅关于加快发展都市现代农业的意见》（农办市〔2012〕21 号）。

《农业部关于进一步促进休闲农业持续健康发展的通知》（农加发〔2014〕4 号）。

《农业部办公厅关于进一步做好休闲农业和乡村旅游宣传推介工作的通知》（农〔2015〕19 号）。

《农业部等 14 部门关于大力发展休闲农业的指导意见》（农加发〔2016〕3 号）。

《农业部关于印发〈全国农产品加工业与农村一二三产业融合发展规划（2016—2020 年）〉的通知》（农加发〔2016〕5 号）。

《农业部办公厅关于推动落实休闲农业和乡村旅游发展政策的通知》（农办加〔2017〕15 号）。

《国务院办公厅关于促进全域旅游发展的指导意见》（国办发〔2018〕15 号）。

《农业农村部关于开展休闲农业和乡村旅游升级行动的通知》（农加发〔2018〕3 号）。

政策解析

2012 年 8 月，农业部办公厅印发的《关于加快发展都市现代农业的意见》就指出，认真总结各地发展都市现代农业（包括“菜篮子”产品生产、农产品市场流通、休闲生态农业等）的经验做法，多种形式进行宣传推广，形成相互学习、相互促进的良好氛围。

2014 年 11 月，农业部印发的《关于进一步促进休闲农业持续健康发展的通知》在“不断加强休闲农业宣传推介”中提出，制定并发布全国休闲农业统一标识，并推广使用。完善全国休闲农业网有关功能，加快智能终端开发，加强与地方休闲农业网站的链接，全方位、多渠道、跨平台搭建政务信息发布和供需信息对接平台。鼓励社会资本参与休闲农业推介平台建设，做好休闲农业专题宣传，及时总结推广各地发展经验和先进典型。分季节、区域和特色遴选整合休闲农业经营点，串联形成一批精品线路和精品景点。

2015 年 11 月，农业部办公厅印发的《关于进一步做好休闲农业和乡村旅游宣传推介工作的通知》指出，做好休闲农业和乡村旅游宣传推介工作的总体思路是，深入贯彻中共中央、国务院的有关决策部署，牢固树立“创新、协调、绿色、开放、共享”的发展理念，紧紧围绕促进农业提质增效、农民就业增收、居民休闲消费的目标任务，按照“统筹谋划、系统部署、上下联动、均衡有序、重点推进”的思路，注重品牌创建和典型挖掘，强化宣传推介与示范推广，扩大休闲农业和乡村旅游精品景点线路的知名度和吸引力，为农民就业增收、拉动国内消费做出新贡献。要求休闲农业和乡村旅游宣传推介工作将结合季节特点和工作重点，在重点节假日前，向社会推介一批休闲农业和乡村旅游精品景点和线路，为城乡居民提供看得见山、望得见水、记得住乡愁的好去处；依托电子商务网站、微信、报纸、杂志等平台，构建稳定的网络、报纸、杂志、广播宣传推介渠道，满足消费者在线购买、线下消费的需求，形成报纸有文章、网络有专题、广播有声音的格局，提升行业经济效益和社会效益，确保宣传效果最大化。

2016 年 7 月，农业部、国家发展和改革委员会、工业和信息化部、财政部、国土资源部、住房和城乡建设部、水利部、文化部、中国人民银行、国家林业局、国家旅游局、国家文物局、国务院扶贫开发领导小组办公室和中华全国妇女联合会联合印发的《关于大力发展休闲农业的指导意见》指出，按照“统筹谋划、系统部署、上下联动、均衡有序、重点推进”的思路，在重大节假日前和重要农事节庆节点，充分利用网络、电视、报纸、微信等，以图文并茂的形式，有组织、有计划地开展全国性的休闲农业精品景点宣传推介，吸引城乡居民到乡村休闲消费。鼓励各地通过传统媒体和互联网等新兴媒体宣传推介精品线路和精品景点，扩大休闲农业和乡村旅游产业的影响力。鼓励各地举办特色鲜明、影响力大、公益性强的农事节庆活动，努力营造发展的良好氛围。

2016 年 11 月，农业部在印发的《全国农产品加工业与农村一二三产业融合发展规划（2016—2020 年）》中就提出，规范管理，加大休闲农业行业标准的制定和宣贯，加强品牌培育和宣传推介，提升社会影响力和知名度。

2017 年 5 月，农业部办公厅印发的《关于推动落实休闲农业和乡村旅游发展政策的通知》指出，在宣传推介上，要按照“统筹谋划、上下联动、均衡有序”的思路，加大宣传推介，创新推介方式，在节假日和重要农事节庆节点，有组织、有计划地开展休闲农业和乡村旅游精品景点宣传推介，扩大产业的影响力。要指导各地举办特色鲜明、影响力大、公益性强的农事节庆活动。

2018 年 3 月，国务院办公厅印发的《关于促进全域旅游发展的指导意见》提出，要丰富营销内容。要进一步提高景点景区、饭店宾馆等旅游宣传推广水平，深入挖掘和展示地区特色，做好商贸活动、科技产业、文化节庆、体育赛事、特色企业、知名院校、城乡社区、乡风民俗、优良生态等旅游宣传推介，提升旅游整体吸引力。

2018 年 4 月，农业农村部印发的《关于开展休闲农业和乡村旅游升级行动的通知》（以下简称《通知》）提出：要“充分利用报刊、电视、网络、微博、微信等各类媒体，大力宣传休闲农业和乡村旅游政策措施，及时总结宣传新进展新成效、好做法好经验。要创新形式，举办各具特色、形式多样的发布推介活动，加强对各类精品品牌、先进主体、优秀人物宣传，发挥好典型示范的引领带动作用，传播好声音、好故事，营造产业发展良好氛围”。在“强化政策落实”方面，该《通知》还提出：“要结合实际认真贯彻落实中央1号文件，农业部、财政部等11部门印发的《关于积极开发农业多种功能　大力促进休闲农业发展的通知》（农加发〔2015〕5号）和农业部、国家发展改革委等14部门印发的《关于大力发展休闲农业的指导意见》（农加发〔2016〕3号）等系列政策措施，制定完善具体实施意见，协调各部门在用地、财政、税收等方面落实扶持措施，推动政策落地生效。”

实际上，在2015年国庆长假来临之际，为方便城乡居民品味农耕文化、乐享田园生活、体验休闲劳作、感知民俗风情，农业部就向社会推介了一批休闲农业和乡村旅游精品线路及景点，包括全国260个中国最美休闲乡村、62个中国重要农业文化遗产、100条休闲农业精品线路、165家全国休闲农业和乡村旅游五星级示范企业（园区），以供城乡居民休闲出行。

农业农村部及之前的农业部一直高度重视休闲农业发展，通过典型带动和示范拉动，广辟渠道，不断提升休闲农业的社会影响力，品牌建设呈现出“百花齐放、璀璨夺目、精彩纷呈”的良好态势。260个中国最美休闲乡村推介以推进生态文明、建设美丽乡村为目标，以传承农耕文明、展示民俗文化、保护传统民居、发展休闲农业和乡村旅游为重点，向公众推介一批天蓝、地绿、水净，安居、乐业、增收的最美休闲乡村，包括特色民居村、特色民俗村、现代新村、历史古村等。62个中国重要农业文化遗产具有悠久的历史渊源、独特的农业产品、丰富的生物资源、是经济与生态价值高度统一的传统农业生产系统，在活态性、适应性、复合性、战略性、多功能性和濒危性等方面具有显著特征。千岭万壑中鳞次栉比的梯田，烟波浩渺的古茶庄园，波光粼粼和谐共生的稻渔系统，广袤无垠的草原游牧部落，孕育着自然美、生态美、人文美、和谐美。100 条休闲农业精品线路，涵盖了全国 27 个省（自治区、直辖市）的 500 余个服务质量优良、产业特色明显、休闲功能齐全的休闲农业精品经营点，类型包括农家乐、采摘垂钓园、休闲农庄、休闲观光园、民俗村、魅力休闲乡村，以及一批农耕特色与自然山水、乡村风貌融为一体的农事景观。165 家全国休闲农业和乡村旅游五星级示范企业（园区）有鲜明的农业特色、生态环境优美、设施功能齐全、管理服务规范。

农业农村部及之前的农业部在推介中要求各地休闲农业和乡村旅游管理部门与相关的经营单位，要进一步加强统筹指导，加强宣传推介，拓展功能价值，强化安全管理，提供优质服务，做好接待准备，为城乡居民提供一个舒适祥和安全便捷的休闲度假环境。这一示范引导，对以后的全国各地开展休闲农业和乡村旅游宣传推介工作起到了良好的标杆作用。

八、品牌培育政策

休闲农业和乡村旅游的品牌打造，实际上就是对于目的地通过一系列有效举措，使之成为具有知名度和影响力的品牌，凸显当地休闲农业和乡村旅游的竞争优势，从而更有效地推出休闲农业和乡村旅游产品的一种发展战略，其要求休闲农业和乡村旅游企业或区域以市场需求为导向，充分利用当地资源，全面规划、合理布局，精心培育自己的品牌，使资源优势转变为经济优势。为此，我国政府及其有关部门推出了一系列政策措施，引导休闲农业和乡村旅游企业和区域着力培育自己的品牌，从而扩大其影响力和促进消费。

（一）星级企业（园区）创建

典型案例 1

中农春雨休闲农场的品牌创建之路

这是在国际大都市里，难得一见的优美画卷——湛蓝的天空下，一片生机盎然。在这里，一切生产都依循大自然法则，生产系统健康循环，人与自然和谐共处。中农春雨休闲农场位于北京温榆河畔绿色生态走廊，离市区只有 20 分钟的车程，始创于 2000 年，主要从事果树新品种苗木销售、有机水果、有机蔬菜新品种、新技术研发、种植与推广；有机食品的生产加工与贸易；休闲观光农业、科技智慧农业开发。

专业酿就生态基地

时光春，中农春雨高科技股份有限公司董事长，拥有10年的国家农业科研、教学经历和15年农业企业开发经验，专注于生态农业和有机食品开发，擅长农业战略制定、农业技术推广和农业企业管理，在农业方面的丰富经验，发挥到了“中农春雨”中，造就了“城市-郊区-乡村-田野”的空间休闲系统框架，成就了集“观光、参与、体验、教育、展示、示范”等多位一体的休闲农场，处于国内领先，世界先进的水平。

温榆河畔的国门休闲农场

在时光春董事长的带领下，专业研发团队历经10年攻关，中农春雨休闲农场基础设施逐渐成熟，农场的有机蔬菜连闯14关拿到有机认证，从2004年起，连续5年经过中国、欧盟、美国、日本的有机产品认证，各项检测全部达标，灌溉使用深井水，达到国家二级饮用水标准，真正做到零农药、零化学物质、零转基因、零催化，保证消费者100%吃到的是能量级最高的食材。

中农春雨休闲农场利用现有的800余亩果园与林地，大量轮牧放养了柴鸡、黑猪与山羊等为主的十几种动物家禽，饲养过程中以有机玉米、地瓜、豆麸等杂粮为主，搭配时令有机果蔬等辅食，形成生态效益良性循环，间带动物园供会员观赏。

2002年，中农春雨休闲农场开展种植业产业结构调整，确定了主导产业——水果蔬菜有机种植建设，同时农场被列入果树标准化生产示范基地，将全农场600余亩果园实行标准化管理，全部推广生物农药和物理防治技术。园区拥有10类果树，120余个品种，一年四季皆有有机水果可以采摘，从冬春的日本草莓，到入夏的欧美樱桃，到秋收时节的苹果、美国无核葡萄、日韩梨，再到入冬时的冬枣，各种有机水果可用于供应和采摘。

扫码查看中农春雨绿色履历

10多年的不断耕耘，达成了从田间直到餐桌的有机主题餐厅的建设，会员不仅在农场里体验了亲手采摘的乐趣，还可以品尝当天采摘下来的有机果蔬，主题餐厅还针对不同口味的人群，使用不同的烹饪方法，现场售卖鲜榨的有机时令果汁、豆浆，以及樱桃酒、水果酵素等饮品，旨在让游客健康饮食、宾至如归。

中农春雨休闲农场本着自己的良心做有机，坚持保护最后的净土，让美好的事物长久不衰。现在农场一年365天都为游客开放，欢迎游客随时前来考察和监督，并留下快乐的记忆。

喜获多项荣誉

中农春雨休闲农场经过十几年的踏实耕耘，其作为全国休闲农场中的佼佼者，于2016年就喜获全国休闲农业和乡村旅游五星级园区。此外，中农春雨休闲农场不仅仅能生产出通过中国、欧盟、美国、日本有机产品认证的高品质食材，而且农场自营的有机餐厅，也在2017年6月荣获由北京五岳华夏认证中心和中国有机生态产业联盟颁发的"金牌有机餐厅"的认证，而且是全北京的首家。其获得的这些荣誉，实际上是其被社会各界广泛认可的有力证明！

(http://www.sohu.com/a/123379088_589643；http://www.sohu.com/a/128079001_589643)

案例1点评

中农春雨休闲农场经过10余年的有机种植，克服重重难关，现在基础设施完全成熟，农场的有机蔬菜连闯14关拿到有机认证，2005年起，连续经过有机产品认证，各项检测全部达标；中农春雨休闲农场将农业生产与物联网技术相融合，实现了农产品智能化管理，以及食品安全的可追溯生产，并先后获得北京市休闲农业四星级园区（企业）、五星级园区（企业），全国休闲农业和乡村旅游四星级企业（园区）、五星级企业（园区），以及“全国休闲农业和乡村旅游示范点”“全国青少年农业科普示范基地”等诸多荣誉。这一项项基础工作和所留下的一串串足迹，奠定了“中农春雨”品牌形成并逐渐叫响的坚实基础，而且也赢得了社会的广泛认可，取得良好的经济效益。

典型案例2

黄家葡萄酒庄获评全国十佳休闲农庄

在由农业部农村社会事业发展中心、中国旅游协会休闲农业和乡村旅游分会联合公布的2016年度全国十佳休闲农庄、中国最美休闲农庄、全国休闲农业和乡村旅游星级示范企业名单，河北省定州市黄家葡萄酒庄获评全国十佳休闲农庄。

黄家葡萄酒庄是集种植示范、科技加工酿造、休闲观光为一体的农业生态园，也是一个一二三产业融合发展和休闲观光紧密结合的实体性企业。酒庄总投资1.1亿元，占地1 200余亩，分为园林休闲区、历史文化区、葡萄种植区、葡萄酒酿造区和综合服务区五部分，先后获评河北省农业产业化重点龙头企业、国家乡村旅游示范点、AAA级旅游景区、五星级休闲农业和乡村旅游星级企业园区、河北省十佳现代休闲农业园、全国科普惠农兴村先进单位、全国十佳休闲农庄等称号。

目前，黄家葡萄酒庄每年接待游客20余万人次，带动周边1 000余农户走上了葡萄种植的致富道路，为200余名农民提供了就业岗位，有力地带动了当地经济的发展。

（http：//www.dingzhoudaily.com/dingzhoulvyou/2017－01－10/269960.html）

案例2点评

黄家葡萄酒庄2011年被评为全国休闲农业和乡村旅游四星级企业（园区）；2015年被评为全国休闲农业和乡村旅游五星级星级企业园区；2016年被评为“全国十佳休闲农庄”。其在品牌打造的道路上坚持不懈，也赢得了社会大众和有关部门的认可，从而也招来了每年20余万人次的游客，在自己获得良好经济效益的同时，也有力地带动了当地经济的发展。

政策依据

《农业部、国家旅游局关于推进休闲农业和乡村旅游发展合作框架协议》。

《农业部关于印发〈全国休闲农业发展“十二五”规划〉的通知》（农企发〔2011〕8号）。

《农业部关于进一步促进休闲农业持续健康发展的通知》（农加发〔2014〕4号）。

《农业部等11部门关于积极开发农业多种功能　大力促进休闲农业发展的通知》（农加发〔2015〕5号）。

政策解析

2010年7月，农业部和国家旅游局签订《关于推进休闲农业和乡村旅游发展合作框架协议》，决定共同组建中国旅游协会休闲农业和乡村旅游分会，作为两部局开展工作的一个平台，并明确星级创建工作由休闲农业和乡村旅游分会承担。

2011年8月，农业部印发的《全国休闲农业发展“十二五”规划》就提出，围绕生产、生活、生态、人文等内部要素，接待能力、就业人数、休闲收入、游客感受等外部因素，统筹设计评价指标，分类开展以全国最有魅力的休闲乡村推介、全国休闲农业星级评定为核心的休闲农业品牌培育工程，打造一批有影响的休闲农业知名品牌和节庆活动，提升产业影响力、社会认知度和产品知名度，引领休闲消费热点的形成，提高全国休闲农业和乡村旅游发展水平和经济社会效益。到 2015 年全国培育一批休闲农业乡村和星级休闲农业点。

2014 年 11 月，农业部印发《关于进一步促进休闲农业持续健康发展的通知》，要求开展全国休闲农业星级评定等为核心的品牌培育工程。

2015 年 8 月，农业部等 11 部门联合印发《关于积极开发农业多种功能大力促进休闲农业发展的通知》，要求开展全国休闲农业星级评定等品牌培育工程，打造一批有影响的休闲农业知名品牌。

农业部有关单位会同休闲农业和乡村旅游分会坚持“农旅结合”，形成《全国休闲农业和乡村旅游星级示范企业（园区）创建标准》。创建标准评分内容分为带动“三农”发展及生产经营状况、基础硬件条件、管理和服务条件、生态环境条件、安全与公共卫生条件等 5 大项，其中带动“三农”的基本条件位居首位，分值占到总分值的 40%，使创建标准更加符合企业发展要求。按照得分情况，分为三星、四星、五星三个等级，由全国休闲农业和乡村旅游星级评定委员会颁发牌匾。从 2012 年起，在五星级企业（园区）的基础上，每年评选全国十佳休闲农庄，对参加全国十佳休闲农庄的企业（园区）除了基础条件好、规模大外，更侧重于示范带动力强、园区实现零排放等方面考核。2016 年，在五星级企业（园区）的基础上，评选出年度最美休闲农庄。

据有关部门统计，从 2010 年起到目前，全国共创建星级示范企业（园区）1 979 家，其中五星级 367 家、四星 972 家、三星 640 家。2012 年以来，在历年推出的全国休闲农业和乡村旅游五星级企业（园区）中，经企业自荐、大众投票推荐、组织推荐、网上公示、认定等环节，遴选全国十佳休闲农庄和中
休闲农庄。到 2017 年底，已连续 5 年开展全国
荐活动，遴选出 50 家具有代表性的农

称号；2016 年以来，有 20 家农庄被授予中国最美休闲农庄称号，在社会上形成了一定影响，树立了休闲农庄品牌，有效地发挥了品牌对行业发展的引领和示范作用。

（二）品牌体系建设

典型案例 1

千年古县南昌叫响休闲农业品牌

据江西省南昌县农业局相关负责人介绍，该县休闲农业经营面积达 18.3 万亩、资产总额达 26.8 亿元，年接待人数 447.7 万人次，休闲旅游年综合收入 25.4 亿元，带动农民从业 1.56 万人。

千年古县休闲农业正当时

据悉，作为江西省的首府首县，南昌县发展休闲农业和乡村旅游拥有得天独厚的优势。

南昌县农业局相关负责人介绍，南昌县是一个有着悠久历史和文化内涵的千年古县，自然风景优美、文化底蕴厚重，境内有古建筑、古遗址 30 多处，如唐永木黎村、清曹雪芹始祖发祥地武阳等。

此外，南昌县至今仍保留众多的民间节庆活动，它不仅是南昌采茶戏的发源地，还拥有祭轿、赛龙舟、板凳龙等民俗活动。具备发展休闲农业与生态旅游的基础条件。

休闲旅游年综合收入 25.4 亿元

据统计，南昌县有特色的农家饭店（餐馆）共有 95 家（其中，准四星级酒店 1 家、星级农家饭店 5 家），休闲旅游接待场所近 100 余处、有接待住宿能力的旅馆、宾馆共有 152 家、标准床位 10 300 多个，旅行社 4 家，导游讲解人员 50 多人。

截至 2014 年底，全县休闲农业大户发展到 434 户，其中休闲农业企业 103 家、小型农家乐 331 家。拥有全国休闲农业和乡村旅游星级企业（园区）9个，其中五星级企业（园区）3个、四星级企业（园区）4个、三星级企业（园区）2个；全国休闲农业和乡村旅游示范点2个、江西省休闲农业示范点10个、南昌市休闲农业示范点10个；南昌市十佳休闲农业和乡村旅游示范点9个。

2013年被评为省级休闲农业示范县，凤凰沟景区和国鸿生态园成为全国休闲农业和乡村旅游现场交流会的参观亮点。

此外，该县2014年新增全国休闲农业和乡村旅游星级企业3家（五星级1家、四星级2家），省级休闲农业示范点2个，市级休闲农业示范点3个，全市十佳休闲农业和乡村旅游示范点5个。

休闲农业品牌唱响全国

近年来，南昌县积极参加乡村旅游宣传活动。2013年参加了全国休闲农业和乡村旅游现场交流会暨第二届中国南昌“休闲农业秀美乡村”活动月启动仪式等，着力提升凤凰沟风景区、国鸿生态园等在省内外的知名度。

此外，2013—2014年陆续组织策划了第六届和第七届樱花节、首届和第二届玉明葡萄文化节、“龙城杯”垂钓比赛等活动。仅樱花节1个月时间就接待游客26万人次，收入766万元。

（http：//society. people. com. cn/n/2015/0711/c136657 - 27287516. html）

案例1点评

江西省南昌县立足产业基础和资源禀赋，不断向农业结构调整的深度和广度进军，按照“工”字形发展格局，科学规划种植规模、产业结构和区域布局，打造了“高效水稻、优质蔬果、特色种养、休闲观光”四大特色优势板块，培育现代农业产业化示范园40余处，重点打造了蒋巷、黄马、塔城、武阳、银三角、三江、南新、塘南八大都市现代农业示范园区。在发展思路上，其跳出“原料生产者”角色，大力培育农产品品牌，打造供销链条，以品牌效益提升农产品附加值。截至2017年底，该县八大都市现代农业示范园区核心区规划面积18.7万亩，累计完成投资50亿元，总产值8亿元，园区入驻企业67家；全县龙头企业中有有机食品企业8家、产品102个，绿色食品企业6家、产品20个，无公害种植企业20家、产品81个；龙头企业产品注册商标200余件，包括“汇仁”“皇禽”“人之初”“祥橱”4个驰名商标和“国鸿”“昌碧”“稻香园”“鄱阳湖”等40个省著名商标。商标数和绿色、无公害品牌数均为江西全省县（区）之首。在休闲农业和乡村旅游方面，该县建设高标准设施蔬菜基地48处，蔬菜种植面积达18.38万亩，休闲农业大户发展到434户，拥有休闲农业和乡村旅游企业（园区）五星级6个、四星级1个、三星级3个。休闲农业示范点国家级3个、省级10个、市级29个。休闲农业观光布局初步成形，现代农业迸发出无限生机与活力。

典型案例2

廊坊市休闲农业和乡村旅游品牌建设驶入“快车道”

金秋十月，瓜果飘香。刚刚过去的“十一”假期，位于河北省廊坊市固安县知子营乡的固安农博园吸引了大批游客。果树采摘区里苹果、梨、葡萄散发着诱人的香味，养殖区里鸡鸭遍地，游鱼成群，地头上各种有机蔬菜已经长成，一派丰收景象。

这仅是廊坊市休闲农业和乡村旅游发展的一个缩影。廊坊市地理位置和投资环境得天独厚，发展休闲农业和乡村旅游优势巨大。近年来，廊坊市认真贯彻“绿水青山就是金山银山”和“生态优先、绿色发展”新理念，围绕都市现代农业的总体定位，抓园区、引资本、育主体、创品牌，全面对接京津休闲农业园区，走出了一条依托乡村、服务京津、三产同步、互促共赢的休闲农业特色发展之路，全市基本形成了“春赏花、夏看绿、秋品果、冬摘菜”的格局。

目前，廊坊市休闲农业和乡村旅游进入了一个快发展、大发展阶段。据统计，廊坊市共有国家休闲农业和乡村旅游星级园区14个，全国休闲农业和乡村旅游示范点1个，中国美丽休闲乡村1个，中国最美休闲农庄1个；河北省休闲农业和乡村旅游星级园区28个，河北省休闲农业和乡村旅游示范点5个，河北省最美休闲乡村4个，河北省美丽田园3个，河北省十佳现代休闲农业园区1个；省、市级乡村旅游示范村26个，省、市级现代农业园区27个。仅2016年，全市休闲农业从业人数就达到3万人，带动农户18.6万户，年接待1 800万人次，营业收入21.5亿元，利润总额4.9亿元，休闲农业和乡村旅游收入年递增21.6%。

(http：//www.heagri.gov.cn/article/qsxxlb/201710/20171000007778.shtml)

案例2点评

河北省廊坊市素有“京津走廊上的明珠”之称，交通发达，地理位置和投资环境得天独厚，发展休闲农业和乡村旅游优势巨大。结合京津冀三地签署的《京津冀休闲农业协同发展框架协议》，廊坊市编制了休闲农业和乡村旅游发展规划，全面对接京津和雄安新区，准确定位休闲农业和乡村旅游发展方向、目标及任务，探索建立京津冀休闲农业和乡村旅游合作新机制，积极融入京津冀三地休闲农业和乡村旅游建设规划，执行京津冀休闲农业和乡村旅游统一标准，主动对接休闲农业和乡村旅游精品线路，参与京津冀休闲农业和乡村旅游公众服务平台建设，共同开展休闲农业和乡村旅游人才培养、共同策划休闲农业和乡村旅游重大活动等六项合作重点。

在发展过程中，廊坊市休闲农业和乡村旅游始终坚持以“绿色”和“文化”为发展导向，保护家乡好风景，打造田园绿色美。廊坊市基本形成了“春赏花、夏看绿、秋品果、冬摘菜”的发展格局。休闲农业园区注重提升休闲农业的档次和链条延伸，逐步使休闲农业由基础型休闲服务向农业生产、农产品加工、现代服务业一体化升级，形成了具有健康养生、生态低碳、环保循环、智能控制等多功能的休闲农业园区，带动了全市休闲农业和乡村旅游产业的发展。

唯有浸润和涵养了文化的休闲农业和乡村旅游，才会有蓬勃的生命力。廊坊市坚持以“文化”为灵魂的发展特色。2017年，固安县第二届梨花文化节、第三届永清桃花节、三河市第五届健康休闲旅游文化节先后举办，市民们踏青赏花，品尝地方名吃，观看汉服走秀、书画展览，河北梆子、舞龙舞狮、秧歌、高跷等传统节目深受游客欢迎。固安县屈家营村以“冀中笙管乐屈家营音乐会”被列入第一批国家级非物质文化遗产。

为助推休闲农业和乡村旅游发展，廊坊市开展休闲农业和乡村旅游评定工作，组织推介和评定休闲农业和乡村旅游示范县、示范点、星级企业、最美休闲乡村和美丽田园（景观），发挥对各地休闲农业和乡村旅游发展的示范引导作用。在不同时期、不同时间节点，谋划和组织开展一系列规模不一、形式多样的休闲农业及乡村旅游节庆活动；围绕“重点节假日”做好精品景点线路评选推介工作；引导现有星级园区充分发掘本地文化、民俗、生态资源，按照“一园一主题、一园一亮点”的要求，对已评定的星级园区进行“提档升星”，推动休闲农业和乡村旅游特色化发展，取得了显著成效。

典型案例 3

银川农业嘉年华叫响休闲农业品牌

为深入落实好中央1号文件精神以及宁夏回族自治区和银川市关于发展创意休闲农业的一系列决策部署，促进农村一二三产业融合发展，拓展农民增收渠道，以“践行绿色高端理念，倡导健康快乐生活”为主题，银川市先后成功举办了“银川春季农业嘉年华”及“银川秋季农业嘉年华”活动。通过开展“农业科普游园节”“欢乐插秧节”“赏花摘菜庆丰收”“棚湖湾开园暨红树莓采摘季”等系列活动，为广大市民提供了集种植体验、采摘品尝、科普教育、踏青赏花，娱乐休闲、特色农产品展销等多项休闲体验内容为一体的乡村旅游盛宴。

这些活动的开展，为银川农业发展注入了新的活力，各休闲农庄参与热情高涨，不仅集中展示了银川美丽田园及浓郁的民俗，更充分展现了农业新业态新成果，浓厚的农味农趣装点了市民的生活，以活动促发展，极大地提高了银川休闲农业的知名度，促进了农村一二三产业的融合发展，拓宽了农民就业增收渠道。“五一”小长假和“十一”黄金周期间，休闲农业和乡村旅游成为广大市民的首选，尤其自驾游异常火爆，赏花、采摘、游园、亲子游等休闲农业热门项目备受青睐。2017 年“十一”黄金周期间，秋季农业嘉年华活动的凤凰花溪谷、闽宁镇红树莓园区、稻鱼空间、银湖沙漠长枣生态园区、华夏禾乐村等特色休闲农业园区平均日接待游客 3 000 余人，总接待游客数 11.15 万人次，总收入达到了 275 万元。截至 2017 年 10 月 8 日，全市休闲农业和乡村旅游接待游客已经超过了 2016 年全年的总数，达到 320 万人次，实现营业收入 3.6 亿元，同比增长 18.6% 和 22.2%，有力地促进了农业增效、农民增收和农村繁荣。与银川毗邻的陕西、甘肃和内蒙古来银川自驾游的游客占全市总接待量的 28%，彰显了银川区域中心城市的独特魅力，充分展示了银川休闲农业和乡村旅游的特色优势。

通过农业嘉年华活动的举办，创造性地将农业生产、消费、旅游等活动融为一体，开创了创意农业新模式，可誉为

"农业版的迪士尼"，也使银川休闲农业和乡村旅游得到了提档升级。目前，银川全市"一圈两轴三带"的休闲农业和乡村旅游发展格局初步形成，休闲农庄和乡村环境不断改善，好山好水好风光，引得八方宾客来。在嘉年华各项活动的影响下，走进乡村、走进农庄，品味农韵、回归自然已经成为银川市旅游产业的一大亮点。

（http：//www.agriyc.gov.cn/ggfwu/nyxx/bddt/26788.htm）

案例3点评

2017年，宁夏回族自治区银川市大力发展创意休闲农业，通过举办春季和秋季两次农业嘉年华，既为广大市民提供了集种植体验、采摘品尝、科普教育、踏青赏花、娱乐休闲、特色农产品展销等多项休闲体验内容为一体的乡村旅游盛宴，也增加了农民和涉农企业收入，促进了一二三产业的融合发展。仅银川承办春秋两农业嘉年华的7家休闲农业园区统计，在活动期间共接待游客32.6万人次，总收入达667.5万元。2017年，银川市休闲农业和乡村旅游接待游客达到320万人次，实现营业收入3.6亿元，同比增长18.6%和22.2%。这足以体现出品牌项目的带动效应。

政策依据

《农业部关于印发〈全国休闲农业发展"十二五"规划〉的通知》（农企发〔2011〕8号）。

《农业部办公厅关于加快发展都市现代农业的意见》（农办市〔2012〕21号）。

《农业部等14部门关于大力发展休闲农业的指导意见》（农加发〔2016〕3号）。

《农业部关于印发〈全国农产品加工业与农村一二三产业融合发展规划（2016—2020年）〉的通知》（农加发〔2016〕5号）。

《农业部办公厅关于推动落实休闲农业和乡村旅游发展政策的通知》（农办加〔2017〕15号）。

《农业部办公厅关于支持创建农村一二三产业融合发展先导区的意见》（农办加〔2017〕20号）。

《国务院办公厅关于促进全域旅游发展的指导意见》（国办发〔2018〕15号）。

《农业农村部关于开展休闲农业和乡村旅游升级行动的通知》（农加发〔2018〕3号）。

政策解析

2011年8月，农业部印发的《全国休闲农业发展“十二五”规划》就提出，为进一步调动地方发展休闲农业的积极性和主动性，激发社会公众的参与热情，农业部和国家旅游局将持续开展全国休闲农业和乡村旅游示范县、示范点创建活动。通过创新机制、完善标准、优化环境、规范引导，逐步使休闲农业由单一休闲服务向农业生产、农产品加工、现代服务业一体化延伸，形成主题鲜明、特色突出、内涵丰富、产业完备、功能齐全的休闲农业示范基地，带动全国休闲农业持续健康发展。到2015年全国建成一批休闲农业示范基地。

2012年8月，农业部办公厅印发的《关于加快发展都市现代农业的意见》指出，坚持以农业为基础、农民为主体、农村为载体，围绕农业生产过程、农民劳动生活和农村风情风貌，统筹规划设计，强化特色创意，抓好示范基地创建、知名品牌培育、服务体系建设、乡土文化挖掘、精品线路打造等工作，保护好古村落、古民居和乡村风貌，着力培育一批主题鲜明、特色突出的休闲农业示范点和聚集村。

2016年7月，农业部、国家发展和改革委员会、工业和信息化部、财政部、国土资源部、住房和城乡建设部、水利部、文化部、中国人民银行、国家林业局、国家旅游局、国家文物局、国务院扶贫开发领导小组办公室和中华全国妇女联合会联合印发《关于大力发展休闲农业的指导意见》指出，在整合优化的基础上，重点打造点线面结合的休闲农业品牌体系。在面上，继续开展全国休闲农业示范县（市、区）创建，着力培育一批示范带动能力强的休闲农业集聚区。在点上，继续开展中国美丽休闲乡村推介活动，在全国打造一批天蓝、地绿、水净，安居、乐业、增收的美丽休闲乡村（镇）。在线上，重点开展休闲农业精品景点线路推介，吸引城乡居民到乡村休闲消费。鼓励各地因地制宜开展多种形式的品牌创建与推介活动，培育地方品牌。

2016 年 11 月，农业部印发的《全国农产品加工业与农村一二三产业融合发展规划（2016—2020 年）》中作为重大工程之一的“休闲农业和乡村旅游提升工程”提出，要加大休闲农业和乡村旅游品牌培育。重点打造“3＋1＋X”的休闲农业和乡村旅游品牌体系。“3”是，在面上，继续开展全国休闲农业和乡村旅游示范县（市、区）创建，着力培育一批生态环境优、产业优势大、发展势头好、示范带动能力强的休闲农业和乡村旅游集聚区；在点上，继续开展中国美丽休闲乡村推介活动，在全国打造一批天蓝、地绿、水净，安居、乐业、增收的美丽休闲乡村（镇）；在线上，重点开展休闲农业和乡村旅游精品景点线路推介，吸引城乡居民到乡村休闲消费。“1”是，着力培育好农业文化遗产品牌，推动遗产地经济社会可持续发展。“X”是，鼓励各地因地制宜开展农业嘉年华、休闲农业特色村镇、星级户、精品线路、农业主题公园等形式多样的创建与推介活动，培育地方品牌。

2017 年 5 月，农业部办公厅印发的《关于推动落实休闲农业和乡村旅游发展政策的通知》指出，在品牌创建上，要按照“3＋1＋X”的品牌培育体系，在面上继续创建全国休闲农业和乡村旅游示范县（市、区），在点上继续推介中国美丽休闲乡村，在线上重点开展休闲农业和乡村旅游精品景点线路推介，吸引城乡居民到乡村休闲消费。要继续加大中国重要农业文化遗产的发掘保护传承工作，推动遗产地经济社会可持续发展。要指导各地积极探索农业嘉年华、休闲农业特色村镇、星级户等地方品牌创建。

2017 年 12 月，农业部办公厅印发的《关于支持创建农村一二三产业融合发展先导区的意见》提出，要按照“培育品牌、市场决定”的原则培育打造融合发展先导区。要加强原料环节“三品一标”、绿色食品原料基地等认证推广工作，不断提升农产品质量品质；引导区域内融合发展的各类新型农业经营主体开展先进的质量管理、食品安全控制等体系认证，提高加工流通环节的质量管理；发挥行业协会在服务产业、规范行业发展、强化行业自律等方面的职能作用；加强市场监管，打击假冒伪劣产品，加大企业品牌、产品品牌、区域品牌的支持保护力度，维护品牌形象和消费者合法权益。

2018 年 3 月，国务院办公厅印发的《关于促进全域旅游发展的指导意见》提出，要实施品牌战略。即着力塑造特色鲜明的旅游目的地形象，打造主题突出、传播广泛、社会认可度高的旅游目的地品牌，建立多层次、全产业链的品牌体系，提升区域内各类旅游品牌影响力。

2018 年 4 月，农业农村部印发的《关于开展休闲农业和乡村旅游升级行动的通知》提出：要“培育精品品牌促升级”。并指出：“创新推动休闲农业和乡村旅游品牌体系建设，以行政村镇为核心，建设一批天蓝、地绿、水净、安居、乐业的美丽休闲乡村（镇）；以集聚区为核心，建设一批功能齐全、布局合理的现代休闲农业园区；以经营主体为核心，建设一批增收机制完善、示范带动力强的现代休闲农庄。全国上下联动、精心组织休闲农业和乡村旅游大会、美丽乡村休闲旅游行等主题活动，分时分类向社会发布推介精品景点线路。鼓励各地因地制宜培育农业嘉年华、休闲农业特色村镇、农事节庆、星级农（林、牧、渔）家乐等形式多样、富有特色的品牌。”

近年来，农业农村部（包括之前的农业部）通过品牌培育和示范创建，推动休闲农业和乡村旅游产业布局不断优化、发展质量不断提升、功能领域不断拓展。据不完全统计，2017 年我国休闲农业和乡村旅游各类经营主体已达 33 万家，比上年增加了 3 万多家，营业收入近 6 200 亿元，整个产业呈现出“井喷式”增长态势。农业农村部坚持以品牌引领休闲农业和乡村旅游发展，在前期工作的基础上，按照面点线结合的思路，通过优化整合，重点打造“3＋1＋X”的休闲农业和乡村旅游品牌体系。

“3”即在面点线上开展品牌创建和推介。一是在面上，继续开展全国休闲农业和乡村旅游示范县（市、区）创建，着力培育一批生态环境优、产业优势大、发展势头好、示范带动能力强的全国休闲农业和乡村旅游示范县（市、区）；二是在点上，将全国休闲农业和乡村旅游示范点创建、中国最美休闲乡村推介、中国美丽乡村试点创建三项工作整合为中国美丽休闲乡村推介活动，在全国打造一批天蓝、地绿、水净，安居、乐业、增收的美丽休闲乡村（镇）；三是在线上，开展休闲农业和乡村旅游精品景点线路推介，即根据季节特点和小长假时点分布，有步骤、有重点、分时段向社会推出休闲农业和乡村旅游精品景点线路，充分发挥各种媒体作用，形成报纸有文章、网络有专题、广播有声音的立体宣传推介格局。

“1”即着力培育好重要农业文化遗产，继续开展中国重要农业文化遗产发掘认定工作，每两年认定一批，不断发掘重要农业文化遗产的历史价值、文化和社会功能，在有效保护的基础上，探索开拓中国重要农业文化遗产动态传承的途径、方法，逐步形成动态保护、传承和利用机制。

“X”即鼓励培育各具特色的地方品牌，农业部积极鼓励支持各地因地制宜、探索创新促进休闲农业和乡村旅游发展的新形式新载体，举办特色鲜明、影响力大、公益性强的农事节庆活动，如农业嘉年华、农业公园、星级农家乐（农庄）、创意农业精品等。农业农村部将与各地农业管理部门共同努力，凝聚共识，形成上下联动、规范有序、创新协调、充满活力的品牌体系建设工作新局面。

九、公共服务政策

发展休闲农业和乡村旅游是实施乡村振兴战略，解决“三农”问题，促进美丽乡村建设的一条重要途径。因此，为加快发展休闲农业和乡村旅游，公共服务政策必须跟上。

（一）公共服务体系建设

典型案例

京津冀携手共建休闲农业“廊道”

根据京津冀三地政府有关部门2016年11月3日在河北省廊坊市签署的京津冀休闲农业协同发展框架协议，三地将在统筹规划休闲农业建设、统一京津冀休闲农业标准体系、共同打造休闲农业精品旅游线路、建立京津冀休闲农业公众服务平台，以及相关人才培养等方面开展合作。

根据协议，三地将统筹规划，通过合理布局、差异互补、突出特色，提升休闲农业整体水平，在经济、生态、共享等方面实现多赢；加强三地休闲农业企业（园区）、休闲农庄、农（渔）家乐等经营主体的建设、服务、管理标准衔接，规范竞争行为，营造公平环境；将京津冀三地农业和农村的特色资源、特色文化、特色品牌、特色活动等进行深度挖掘和合理开发，共同打造风格各异、主题突出的休闲农业精品游览线路，构建京津冀休闲农业“廊道”。

京津冀三地农业部门还将大力推进"互联网+休闲农业"，构建京津冀休闲农业信息平台，实现信息数据共享；通过举办京津冀休闲农业培训、观摩交流活动，提高休闲农业经营管理和服务水平；共同举办各类推介会、博览会、农事节庆活动、创意大赛等活动，打造京津冀休闲农业区域品牌。

（http：//www.ce.cn/xwzx/gnsz/gdxw/201611/04/t20161104_17532254.shtml）

案例点评

加强休闲农业和乡村旅游公共服务体系建设，增强休闲农业和乡村旅游公共服务能力，有利于强化休闲农业和乡村旅游基础，促进各项"三农"方针政策贯彻落实到位；有利于加快农业科技成果转化和推广应用，促进农业转型升级；有利于保障农业生产和农产品质量安全，满足群众绿色消费需求，促进农业增效、农民增收。因此，各地高度重视休闲农业和乡村旅游的公共服务体系建设，在政策上加大投入，着力改善休闲农业和乡村旅游发展环境。本案例则是在更大的区域范围——京津冀地区加强休闲农业和乡村旅游的公共服务体系建设，这为休闲农业和乡村旅游在更大范围和更高层次上发展打下了坚实的基础。

政策依据

《农业部关于印发〈全国休闲农业发展"十二五"规划〉的通知》（农企发〔2011〕8号）。

《农业部办公厅关于加快发展都市现代农业的意见》（农办市〔2012〕21号）。

政策解析

2011年8月，农业部印发的《全国休闲农业发展"十二五"

规划》在“健全服务体系，增强发展后劲”一节中就提出，加快完善行政管理体系、信息统计体系和社会服务体系。强化对各类休闲农业和乡村旅游合作经济组织及行业协会管理与支持力度，增强行业自律性。组织开展对休闲农业产业和乡村旅游发展战略、发展规律、发展政策、发展模式、管理机制等研究，增强管理的协调性和针对性。引导科研教学单位创新、集成和推广休闲农业技术成果，建立休闲农业产业技术体系，增强休闲农业支撑保障能力。顺应互联网、物联网和手机等新兴媒体发展趋势，拓展信息终端，加快信息服务体系建设。

同时，该规划在“支撑体系建设工程”中提出，围绕休闲农业产业发展需求，加快建设休闲农业公共服务平台，形成集全国休闲农业信息服务、管理咨询、营销推介、物流交易、虚拟展示为一体的现代信息支撑体系，为休闲农业发展营造良好氛围。借鉴相关行业管理经验，遵循休闲农业产业发展规律，制定休闲农业行业标准，规范休闲农业设施建设和服务。加强休闲农业设计研究体系建设，依托高等院校和科研单位建立一批休闲农业设计研究中心。

在“公共服务体系建设”方面，按照深化改革的方向，对于公益性较强的基础性公共服务，应主要由政府提供。各级政府部门应在国家发展休闲农业和乡村旅游总原则的指导下，通过对各地区休闲农业和乡村旅游资源的普查，编制合理的休闲农业和乡村旅游总体发展规划，进而形成省、市、县、乡各级休闲农业和乡村旅游发展规划，并将其融入当地整个农业与旅游产业规划当中。对于公益性较强的非基础性公共服务，除了那些必须由政府提供的项目，可以由社会组织或其他社会力量来提供，政府应通过财政补贴、特许经营、贷款贴息、优惠政策等方式给予支持。对于公益性较弱、具有经营性特征的非基础性公共服务，可以在政府的统筹规划和宏观调控下，由企业、个人或其他社会力量来提供，并通过市场调节供需关系，以满足休闲农业和乡村旅游发展的多样化需求。

2012 年 8 月，农业部办公厅印发的《关于加快发展都市现代农业的意见》就指出，创新休闲农业和乡村旅游公共服务模式，依托现有农业部门信息网络逐步建立健全休闲农业公共服务网络，构建城市需求与农村供给的无缝对接机制。

（二）强化行业运行监测分析

典型案例

陕西省安康市举办全市“一村一品”和休闲农业统计监测培训活动

2018年3月9日，陕西省安康市“一村一品”和休闲农业统计监测培训活动在安康市“一村一品”发展指导中心会议室举行，市“一村一品”发展指导中心主任田越主持会议，来自全市各县区负责“一村一品”和休闲农业统计分析、数据录入人员，市“一村一品”全体工作人员参加了培训活动。

本次培训活动邀请了省“一村一品”发展指导中心“一村一品”科科长李五建和休闲农业科魏亚娟同志为主讲老师。在培训活动上，两位主讲老师分别就“一村一品”和休闲农业统计报表的填报工作进行了专业性、针对性和实用性的讲解，同时还让部分学员进行了填报工作现场演练，进行专业知识互动交流。会上市“一村一品”发展指导中心主任田越同志介绍了安康市“一村一品”和休闲农业的基本情况及发展趋势，并对全市“一村一品”和休闲农业统计监测工作提出了要求。

这次培训活动加深了大家对“一村一品”与休闲农业工作的认识，明晰了工作思路，提高了业务人员的素质，进一步提升了安康市及其各县区“一村一品”与休闲农业统计监测工作业务水平，达到了统一思想、理清思路、掌握本领、提高技能的目的。

（http：//www. sxny. gov. cn/www/sxdt1142/20180309/9644929. html）

案例点评

陕西省农业厅于 2017 年 4 月印发的《关于做好省级休闲农业示范点运行监测工作的通知》指出，休闲农业是新型农业产业形态和旅游消费业态，是推进农村一二三产业融合发展的有效载体，是促进农村经济发展的有力动能，是实现农民创业就业的重要途径，为深入贯彻落实陕西省委省政府大力促进休闲农业发展的决策部署，2016 年开展了省级休闲农业示范点创建活动，认定示范点 69 个，按照《陕西省农业厅办公室关于印发〈陕西省省级休闲农业示范点认定和运行监测管理工作方案〉的通知》（以下简称《通知》）的要求，对获得认定的示范点的运行情况进行监测。《通知》指出，做好省级休闲农业示范点运行情况监测，是各级农业主管部门掌握产业发展动态、研究制定扶持政策、促进产业健康快速发展的重要基础，是履行指导、管理和服务职责的重要内容，对于提升工作水平和服务能力具有重要意义。要通过开展示范点运行监测工作树立一批典型，及时总结推广好经验、好做法，加大宣传推介，多渠道、多方式营造推动休闲农业发展的良好氛围，推动全省休闲农业又好又快发展。根据《陕西省省级休闲农业示范点认定和运行监测管理工作方案》，省级休闲农业示范点运行监测工作实行“省统筹、市负责”工作机制。省农业厅制定有关标准、组织实施监测管理等工作；市级农业部门负责对本辖区获得认定示范点开展年度发展基本情况监测及突发（重大）情况实时监测。本案例即为市级部门承担监测任务后的培训与动员工作，为做好监测工作打基础。

政策依据

《农业部等 14 部门关于大力发展休闲农业的指导意见》（农加发〔2016〕3 号）。

《农业部办公厅关于推动落实休闲农业和乡村旅游发展政策的通知》（农办加〔2017〕15 号）。

《农业农村部关于开展休闲农业和乡村旅游升级行动的通知》（农加发〔2018〕3号）。

政策解析

2016年7月，农业部、国家发展和改革委员会、工业和信息化部、财政部、国土资源部、住房和城乡建设部、水利部、文化部、中国人民银行、国家林业局、国家旅游局、国家文物局、国务院扶贫开发领导小组办公室、中华全国妇女联合会等14部门联合印发的《关于大力发展休闲农业的指导意见》提出，强化行业运行监测分析，构建完善的休闲农业和乡村旅游监测统计制度。

2017年5月，农业部办公厅印发的《关于推动落实休闲农业和乡村旅游发展政策的通知》再次提出，要积极构建完善的休闲农业和乡村旅游监测统计制度。

2018年4月，农业农村部印发的《关于开展休闲农业和乡村旅游升级行动的通知》提出："要加大监测统计力度，建立健全监测统计制度，开展动态监测分析，为产业发展提供数据支撑。加强对已认定全国休闲农业和乡村旅游示范县等品牌的动态管理考核，研究设立考核标准和退出机制。"

（三）加强公共服务设施配套

典型案例

呼和浩特新城区2016年进一步完善10 000亩中心园区基础设施建设

2016年，内蒙古自治区呼和浩特市新城区继续加强协调，提升服务，把好项目规划关，积极协助农业企业争取上级项目资金扶持，解决项目推进中的困难，全力促进各项目区建设进度。同时进一步完善10 000亩中心园区基础设施建设，营造良好的发展环境。按照基础建设规划，加大协调相关部门力度，在道路建设方面，重点要协调市政部门按照已制定的规划，开工建设塔利温室北侧东西主干道，使园区两横两纵的主干道全线贯通；在上下水、天然气及园区卫生等方面，进一步完善中心园区水、电、路、燃气等各项配套建设，提高中心园区的休闲观光功能。

2016年，新城区将继续推进原有园区项目建设，力促提档升级，早日投入运营。在观光农业10 000亩核心区，依托敕勒林海为龙头，做大做强林下经济；加快香岛光伏温室的建设，2016年投产运营；金茂、昕远公司所在地块重新规划，讨思浩科协流转地规划种植菊花或薰衣草，打造菊园或薰衣草观赏园；塔利温室东侧70亩地规划种植向日葵；百草园加快建设进度，建设木栈道和进园区的道路。依托十个全覆盖推动讨思浩250个大棚完成改造升级及美化、亮化、硬化等工程，为城市居民采摘草莓提供体味田园之乐的机会。

观光农业西片区，重点解决金田地大樱桃种植园区的环境问题，提升旅游接待能力和档次；规划建设鑫冠合作社玫瑰园，并继续做好新品种引进示范推广工作和农民农业技术培训工作。观光农业东片区，加快新城牧歌、颐和生态园、万亩草场内容的升级，发展以科普、文化、教育为消费需求的现代农业科技园和农耕文化、草原文化展示基地。

2016年，新城区将加大新品种、新技术的引进示范推广力度，提升农产品的科技含量，积极开展新品种、新技术的引进示范推广及农业技术人才培训，为新城区发展现代休闲观光农业提供技术支持和人才支撑。同时，把农业科技示范中心作为农业研发、新技术、新品种试验示范的前沿平台，为新城区发展休闲观光农业注入活力、提优增效奠定良好的基础。

加大特色农产品营销力度，提高农业园区的知名度和影响力。建立电子商务网络营销平台，积极推进农业信息化建设；加大农业信息化资金投投入力度，建设“电商平台+采摘体验园”运营模式，实现产销电子交易，零售和批发结合，进一步拓展农产品销售市场空间，提升新城区特色农产品的市场占有率。

（http：//www. hhxc. gov. cn/xcjg/dw/qwbgs/gzdt/88816b6c - 068d - 4078 - 935b - a57900a37b30. html? InfoORG=AGA028）

案例点评

农业基础设施建设，是我国农村经济发展的重要物质技术基础。农村改革以来，我国农业基础设施建设不断加强，并在农业和农村经济发展中发挥了重要作用。当前，我国农业发展进入了一个新的阶段。在这种情况下，大力加强农业基础设施建设，对于发展高产、优质、高效农业，增加农民收入，扩大农村需求，提高农业综合生产能力，有着重要意义。2005 年中央 1 号文件就指出，农业依然是国民经济发展的薄弱环节，投入不足、基础脆弱的状况并没有改变。要“加强农村基础设施建设，改善农业发展环境”。内蒙古自治区呼和浩特市新城区在观光农业 10 000 亩核心区，以及观光农业西片区、观光农业东片区和现代农业科技示范中心，从发展休闲农业和乡村旅游的需要出发，加强基础设施建设，必将为新城区发展休闲观光农业奠定良好的基础。

政策依据

《农业部关于印发〈全国休闲农业发展“十二五”规划〉的通知》（农企发〔2011〕8 号）。

《农业部等 14 部门关于大力发展休闲农业的指导意见》（农加发〔2016〕3 号）。

《农业部关于印发〈全国农产品加工业与农村一二三产业融合发展规划（2016—2020 年）〉的通知》（农加发〔2016〕5 号）。

《国务院办公厅关于促进全域旅游发展的指导意见》（国办发〔2018〕15号）。

《农业农村部关于开展休闲农业和乡村旅游升级行动的通知》（农加发〔2018〕3号）。

政策解析

2011年8月，农业部印发的《全国休闲农业发展“十二五”规划》就提出，加快休闲农业和乡村旅游场所的路、水、电、通讯等基础设施建设，建立明晰的路标指示和完备的停车场。参照相关规范标准，改善住宿、餐饮、娱乐、垃圾污水无害化处理等服务设施，使休闲场所和卫生条件达到公共卫生标准，实现垃圾净化、环境美化、村容绿化。加强休闲农业生产基础条件建设，在动植物新品种引进、现代种养技术示范、设施农业生产设备、绿色有机农产品生产等方面加大建设力度，为拓展农业功能创造条件，使消费者“乘兴而来、放心休闲、满意而归”。

2016年7月，农业部、国家发展和改革委员会、工业和信息化部、财政部、国土资源部、住房和城乡建设部、水利部、文化部、中国人民银行、国家林业局、国家旅游局、国家文物局、国务院扶贫开发领导小组办公室、中华全国妇女联合会等14部门印发的《关于大力发展休闲农业的指导意见》提出，实施休闲农业和乡村旅游提升工程，扶持建设一批功能完备、特色突出、服务优良的休闲农业聚集村、休闲农业园、休闲农业合作社，着力改善开展休闲农业村庄的道路、供水设施、宽带、停车场、厕所、垃圾污水处理、游客综合服务中心、餐饮住宿的洗涤消毒设施、农事景观观光道路、休闲辅助设施、乡村民俗展览馆和演艺场所等基础服务设施，改善休闲农业基地的种养条件，实现特色农业加速发展、村容环境净化美化和休闲服务能力同步提升。鼓励因地制宜兴建特色餐饮、特色民宿、购物、娱乐等配套服务设施，满足消费者多样化的需求。

2016年11月，农业部在印发的《全国农产品加工业与农村一二三产业融合发展规划（2016—2020年）》中就提出，改善设施，加快休闲农业经营场所的公共基础设施建设，兴建垃圾污水无害化处理等设施，改善休闲农业基地的种养条件，鼓励因地制宜兴建特色农产品加工、民俗手工艺品制作和餐饮、住宿、购物、娱乐等配套服务设施。并在作为重大工程之一的“休闲农业和乡村旅游提升工程”中提出，要推动休闲农业基础和配套服务设施改造。引导各地采取以奖代补、先建后补、财政贴息、设立产业投资基金等方式，在城市周边、景区周边、沿海沿江、传统特色农区、扶贫攻坚地区，扶持建设一批功能完备、特色突出、服务优良的休闲农业聚集村和休闲农业园。着力改善休闲旅游重点村进村道路、宽带、停车场、厕所、垃圾污水处理等基础和配套服务设施。实现特色农业加速发展、村容环境净化美化和休闲服务能力同步提升。

2018年3月，国务院办公厅印发的《关于促进全域旅游发展的指导意见》提出，要加强基础配套，提升公共服务。一是扎实推进“厕所革命”。加强规划引导、科学布局和配套设施建设，提高城乡公厕管理维护水平，因地制宜推进农村“厕所革命”。加大中央预算内资金、旅游发展基金和地方各级政府投资对“厕所革命”的支持力度，加强厕所技术攻关和科技支撑，全面开展文明用厕宣传教育。在重要旅游活动场所设置第三卫生间，做到主要旅游景区、旅游线路以及客运列车、车站等场所厕所数量充足、干净卫生、实用免费、管理有效。二是构建畅达便捷交通网络。完善综合交通运输体系，加快新建或改建支线机场和通用机场，优化旅游旺季以及通重点客源地与目的地的航班配置。改善公路通达条件，提高旅游景区可进入性，推进干线公路与重要景区连接，强化旅游客运、城市公交对旅游景区、景点的服务保障，推进城市绿道、骑行专线、登山步道、慢行系统、交通驿站等旅游休闲设施建设，打造具有通达、游憩、体验、运动、健身、文化、教育等复合功能的主题旅游线路。鼓励在国省干线公路和通景区公路沿线增设观景台、自驾车房车营地和公路服务区等设施，推动高速公路服务区向集交通、旅游、生态等服务于一体的复合型服务场所转型升级。三是完善集散咨询服务体系。继续建设提升景区服务中心，加快建设全域旅游集散中心，在商业街区、交通枢纽、景点景区等游客集聚区设立旅游咨询服务中心，有效提供景区、线路、交通、气象、海洋、安全、医疗急救等信息与服务。四是规范完善旅游引导标识系统。建立位置科学、布局合理、指向清晰的旅游引导标识体系，重点涉旅场所规范使用符合国家标准的公共信息图形符号。

2018 年 4 月，农业农村部印发的《关于开展休闲农业和乡村旅游升级行动的通知》提出："鼓励引导社会资本参与信息服务平台建设，完善休闲农业和乡村旅游网有关功能，提升信息化服务水平。充分发挥休闲农业专家委员会、农业文化遗产专家委员会、休闲农业重点实验室、研究所、创意中心、职业院校的人才优势，为产业发展提供智力支撑。"

（四）对休闲农业人员组织多种形式的培训

典型案例 1

山西省阳泉市举办休闲农业专题培训班

2014 年 12 月，山西省阳泉市农委利用农闲时间举办全市休闲农业专题培训班。市、县（区）农委分管领导、部门负责人以及具有发展休闲观光农业基础、积极性高且拟投资的农业园区、乡村和企业负责人共计 60 人参加了培训学习。

近年来，阳泉市休闲农业发展风生水起，一批发展潜力大、带动能力强、品牌优势明显的休闲农业企业不断壮大，显示出较强的生命力和发展潜力，已成为现代农业发展的新亮点。但就总体情况来看，阳泉市休闲农业发展仍存在一些困难和问题。为了推进阳泉市的农业转型升级，加速发展比常规农业具有更大开发潜力和经营价值的休闲农业，进一步科学规划及发展突出特色，提高经营管理人员素质，阳泉市农委筹划组织了此次培训班。

培训过程中，参训人员先后到山西省阳泉市郊区的桃林沟村、盂县的华北奕丰生态园和太原宝源老醋坊、华辰农耕园、民乐农庄、滑世界、采薇山庄等地参观学习，并就阳泉市休闲农业发展优势及发展方向进行了讨论。学员们表示，此次培训受益匪浅，不仅更加明晰了阳泉市休闲农业的定位和发展休闲农业的意义，还开阔了眼界，拓展了思路，树立了发展休闲农业的信心和决心。

（http：//www. sxnyt. gov. cn/sndt/snlb/yq/201412/t20141222_62598. shtml）

案例1点评

休闲农业和乡村旅游迅猛发展的过程中，往往带来人才不济的问题，因而培训工作就显得尤为重要。山西省阳泉市针对本市休闲农业和乡村旅游风生水起的大好形势下，顺势而为，开展休闲农业和乡村旅游培训，培训中理论与实践结合，不仅明确了本市休闲农业和乡村旅游的定位，而且还开阔了眼界、拓展了思路，树立了发展休闲农业和乡村旅游的信心和决心。

典型案例2

郑州市为休闲农业腾飞再充电

9月29日，2017年郑州市休闲农业培训会在黄河逸园举行。来自郑州市农委及各县（市、区）农委主管休闲农业的领导和休闲农业企业负责人100余人参加了会议。

本次培训会旨在提升郑州市休闲农业从业者的业务素质，进一步转变思想观念、拓展工作思路，加速推动郑州休闲农业增收增效。培训课程从“农业＋教育”和“农业＋互联网”两个角度入手，讲授新业态下的休闲农业经营的方式方法。从融合农业、教育、互联网三大领域的高度，纵论休闲农业光明的发展未来。

行知塾教育集团董事长、高级培训师秦琳作为培训会特邀专家，为广大休闲农业企业家做了题目为《回归田园：教育在农业中的广阔天地》的精彩演讲。

教育与农业是息息相关的，如何将农业和教育进行深度结合是当下值得研究的一项重大课题。目前，城市周边建设了很多农业园区，这些农业园区投建了大量的硬件设施，可供游客休闲度假。如何让更多的消费者在周一到周五走进园区，进而提高园区的利用率，一直是众人关心的话题。

“营地教育为解决这一问题提供了新途径。”秦总表示，营地教育需要有基础建设、课程研发、课程建设、运营管理、师资培训、后期服务及网络运营等环节，而一些农业园区的基础建设已经基本完善，这为建设营地提供了良好的条件。

当前，国家十分重视中小学生的核心素养教育工作，郑州市教育主管部门为支持中小学生进行社会实践活动，进行了政策、资金等方面的扶持，这为营地教育的发展带来了空前的机遇。

秦总深入浅出，从“农业＋教育”模式、体验式教育、营地教育、案例展示四个方面进行了讲解，同时分享了大量的企业管理方面的“干货”，引起了现场参会人员的广泛关注，得到了一致好评。

会后，一些休闲农业企业家表达了对“农业＋教育”模式的兴趣，邀约秦总前往自己的农业园区进行考察，希望双方能够深度合作，为青少年素质教育做出贡献。

据了解，培训会举办方还邀请了互联网等领域具有丰富实践经验的“企业家”进行授课，同时邀请具有丰富农业知识的专家学者进行“田间指导”，培训力求通俗易懂、重点突出，让接受培训的人员获得最大的实战效果。

（http：//www.sohu.com/a/195675830_507516）

案例2点评

在休闲农业和乡村旅游发展中，不断对业者开展新理念、新思路、新措施培训，有助于提高休闲农业和乡村旅游的发展质量和水平。郑州市在休闲农业和乡村旅游发展的过程中，因势利导，及时安排“农业＋教育”和“农业＋互联网”等方面知识的培训，以不断丰富休闲农业和乡村旅游的新产业和新业态，促进休闲农业和乡村旅游向着持续健康的方向发展，并不断引导休闲农业和乡村旅游的提档升级，以不断丰富城乡居民的消费需求，提升休闲农业和乡村旅游的发展质量。

政策依据

《农业部关于印发〈全国休闲农业发展“十二五”规划〉的通知》（农企发〔2011〕8号）。

《农业部等14部门关于大力发展休闲农业的指导意见》（农加发〔2016〕3号）。

《农业部办公厅关于推动落实休闲农业和乡村旅游发展政策的通知》（农办加〔2017〕15号）。

《农业部办公厅关于印发全国农产品加工业人才培训等三个行动方案的通知》（农办加〔2017〕28号）。

《国务院办公厅关于促进全域旅游发展的指导意见》（国办发〔2018〕15号）。

政策解析

2011 年 8 月，农业部印发《全国休闲农业发展“十二五”规划》就提出，将休闲农业和乡村旅游从业人员培训作为一项公益性工程纳入国家财政支持范畴，加大投入力度，扩大培训规模。组织专家精心编撰培训教材，确保培训质量。依托各类培训机构，大力开展休闲农业和乡村旅游管理和服务人员培训。充分运用现代传媒技术在培训方面的优势，加大远程培训，显著提升信息化对休闲农业和乡村旅游发展的支撑作用。到 2015 年，全国从事休闲农业和乡村旅游的从业人员大部分参加过专门培训。

2016 年 7 月，农业部、国家发展和改革委员会、财政部等 14 部门联合印发的《关于大力发展休闲农业的指导意见》提出，依托职业院校、行业协会和产业基地，分类、分层开展休闲农业和乡村旅游管理与服务人员培训，提高从业人员素质。

2017 年 5 月，农业部办公厅印发的《关于推动落实休闲农业和乡村旅游发展政策的通知》再次具体提出，要鼓励高等院校、职业学校开设专业和课程，培养一批规划设计、创意策划和市场营销专门人才。要加强从业技能培训，培养一批服务接待、教育解说实用人才，提升服务质量。

2017 年 10 月，农业部办公厅在《关于印发全国农产品加工业人才培训等三个行动方案的通知》印发了《全国休闲农业和乡村旅游人才培训行动方案》，要求通过整合培训资源，完善培训内容，改进培训方法，提高培训质量，依托职业院校、行业协会和产业基地，分类、分层开展休闲农业和乡村旅游管理与服务人员培训，在 2018—2020 年，完成全国培训休闲农业和乡村旅游人才 15 万人次的目标，使行业人才队伍规模不断壮大，从业人员素质大幅提高，各类人才服务休闲农业和乡村旅游提升发展的能力明显提高，产业发展智力支撑能力进一步增强。并明确提出了以提升项目建设水平为重点、加强规划设计人才培训，以提升实体运营能力为重点、加强经营管理人才培训，以提升接待服务能力为重点、加强实用技能人才培训的主要任务。

2018年3月，国务院办公厅印发的《关于促进全域旅游发展的指导意见》提出，要加强旅游人才保障。即实施“人才强旅、科教兴旅”战略，将旅游人才队伍建设纳入重点人才支持计划。大力发展旅游职业教育，深化校企合作，加快培养适应全域旅游发展要求的技术技能人才，有条件的县市应积极推进涉旅行业全员培训。鼓励规划、建筑、设计、艺术等各类专业人才通过到基层挂职等方式帮扶指导旅游发展。

十、他山之石

（一）我国台湾地区

台湾是我国休闲农业起步早、发展较为成熟的地区。经过30多年的发展，其休闲农业已经进入了产业高速和有序发展的时期，并向“国际观光水准”的目标迈进。台湾对休闲农业的引导培育、开发建设、品质认证、财政扶持等方面的政策不断完善，其经验对于我国大陆地区休闲农业和乡村旅游的发展具有一定的启发与借鉴意义。

典型案例

匠人匠心：台湾的雪霸休闲农场

休闲农业在台湾经过30多年的发展，取得了良好的经济、社会与生态效益。其休闲农庄大多以“小而精”取胜，且非常注重精细管理、精深加工，并融入创意、提升品质。

雪霸休闲农场位于新竹五峰乡，邻近观雾森林游乐区，海拔1 923米，是前往清泉温泉与雪霸国家公园最舒适、豪华的住宿选择。在这里可以远眺著名的雪霸圣棱线，还可以在云海环绕的户外庭院喝咖啡，夜晚辽阔的天空与星光闪烁，让人心旷神怡！

农场主人夫妇携手开创，用心造就世外桃源般的住宿环境

农场的主人范增达曾任职于农试所、BASF农药部技术代表与兴农集团行销。20多年前，他辞去BASF的高薪工作，带着妻子上山务农。最初8年，没有水电又缺乏联外交通，夜晚只能靠蜡烛照明，生产的水果须以人工挑运，再用小货车送到山下。当时的困难生活让许多人觉得他们不切实际，但对范增达来说，这段时光却相当踏实而难能可贵。从单纯的果园开发为雪霸休闲农场后，至今已有10余年的历史，农场的一景一物，陪伴着许多人留下了深刻的回忆。

农场拥有世外桃源般的环境与现代化住宿。小木屋区也会年年进行整修，卫浴备品一应俱全，淋浴设备水压充足，让人可以悠闲地洗个热水澡。房内毛巾、床单、被套、拖鞋等皆每日运至山下送洗消毒。下雨时，雪霸休闲农场还会贴心准备雨伞，让人倍感温暖。

引用最新农业技术，成功培育招牌奇异果与小蓝莓

农场主人范增达每年都会花一至两个月的农闲时间，外出考察最新农业技术。在各式花卉与蔬果中，以奇异果与小蓝莓最具品牌代表性。1985年，奇异果还是高价格的舶来品，在当时台湾省青果社总经理的鼓励下，范增达成功培育出第一批本土奇异果，让奇异果的价格平易近人。

1989年，范增达将小蓝莓种苗由德国引进并栽种成功，再次刷新了台湾农业史上的记录。农场在台湾已是颇具规模的小蓝莓生产基地。住宿的房客可于开放时间内免费入园参观与限时采摘，并亲自DIY蓝莓果醋。

新鲜蔬果佐独特菜色，餐饮美食结合农场特色

农场拥有中餐厅、西餐厅与云海咖啡厅，不论中西式自助餐或养生水果餐，皆以新鲜蔬菜水果于农场栽植。中、西餐厅独特的菜色，新鲜不落俗套，大厨更是特地采摘农场的花朵做摆盘，将农场特色于美食相结合。云海咖啡厅则提供美味蛋糕、花果茶、研磨咖啡、意式比萨饼等甜咸点心，位于户外的庭院以森林和云海环抱，开阔的景致，让游客赞叹不已！

农场种植的花卉与水果，包含早春的樱花、牡丹花、绣球花与濒临绝种的棣慕华凤仙花，秋季更可见岛内罕有的红叶小枫，让一年四季都有各式花卉可供欣赏。此外，有兴趣学习有机堆肥、环保再生技术、农药知识的游客，雪霸休闲农场的主人也会以过来人的身份与您大方分享。

（http：//www. sheipa. com. tw/about. asp）

台湾的休闲农业发展大致经历了自发期（1980 年以前）、合作发展期（1980—1989 年）、政府引导期（1989—2003 年）和品质化国际化发展期（2004 年至今）四个发展阶段。2004 年，台湾因服务业结构升级，出台了《观光及运动休闲服务业发展纲领及行动方案》，其中将规划与推动国际观光水准之休闲农业区作为三大施政措施方向之一；2012 年，台湾出台了“黄金十年愿景”，其中“农游国际化”纳入了“传统产业维新方案及推动计划”的重点工作。自此，台湾的休闲农业向着品质化和国际化水平迈进。台湾推动休闲农业发展的政策主要有以下几个特点：

1. 指导休闲农业开发建设的法令法规完善，操作性强

从台湾休闲农业的现有“法令法规”条文看，休闲农业的发展以《休闲农业辅导管理办法》（以下简称《办法》）为总纲。为进一步推动该办法的具体落实，先后出台了用于指导休闲农业园区和农场创建、休闲设施用地使用、休闲农业用地变更、休闲农业专案辅导、休闲农业建筑设计规范等多项“法令法规”和实施细则，用以指导休闲农业园区和农场的建设。现有的“法令法规”涵盖了园区和农场前期的申请、创建、审批、审核，中期的建设以及后期的认证、辅导、推广等多个方面，完善翔实且操作性极强。

2. 依托地域尺度进行分类划定和指导，明确用地类型与规模

台湾对休闲农业设施用地进行规定是促进休闲农业发展的一

大突破，经营主体因此而取得建筑物土地的合法使用，住宿等休闲农业设施也可以取得营业执照而合法经营。1992 年，台湾颁布了《休闲农业辅导管理办法》，对休闲农业区、休闲农场的用地规模、使用分区、使用限制等进行规范和约束，该《办法》于 2015 年进行了修订。按照新修正的《休闲农业辅导管理办法》，台湾将休闲农业目的地按照地域尺度的大小大体分为休闲农业区和休闲农场两个等级加以指导。同时由于台湾实行都市区、半都市区、非都市区的土地区分和管制方法，对不同管制区域的休闲农业经营区的筹设规模、休闲设施用地等均有不同的要求。从设置标准看，休闲农业设施用地主要涵盖了住宿、餐饮、农产品加工厂、农产品与农村文物展室及教育解说、门票收费设施、警卫、农业体验、生态体验、休闲步道、水土保持、环卫、露营、景观、农村道路等多种设施类型，用地配置上也具有相对明确的标准和限制要求。

3. 指导休闲农业开发建设的扶持政策多元，品质认证推广有效

台湾“农委会”专门设立了休闲农业管理、辅导和推广科室，进行休闲农业资源、产业、营销、管理等方面的研究。并于 2012 年出台了《休闲农业区划定审查作业要点》和《休闲农场专案辅导实施作业要点》，由“政府”搭建平台，对休闲农业区和农场的申报、开发、建设等进行辅导。2014 年又依托农业发展基金贷款政策，出台《休闲农场贷款要点》，对休闲农业给予专项金融政策扶持。

休闲农业发展协会是休闲农业行业自律管理的主要平台，协会主要承担产学研平台、休闲农业品质管理、人才培育以及宣传推广等基本职能。品质认证方面，协会推行《休闲农场服务品质认证标准》、休闲农业区分类分级品鉴等制度，以指导休闲农业的品质化发展。产学研平台建设方面，协会设立了台湾休闲农业学院，与屏东大学、屏东科技大学、桃园创新技术学院、东海大学等合作进行休闲农业资源、产业、营销、管理等方面的研究，并组建专家辅导团进行产学研合作推广平台的搭建。人才培训方

面，重点进行经营管理师、农场经营等休闲农业专业技能的认证和培训，并搭建休闲农业知识查询平台、学习资源平台和人才就业信息发布平台，为休闲农业人才的培养和发展提供有力支撑。同时，协会还积极推动全台湾休闲农业场所、农特产品的市场营销和推广工作，助力台湾休闲农业国际化发展。

典型案例

台湾大湖草莓休闲酒庄：丰富的衍生产品

大湖草莓休闲酒庄位于台湾苗栗县，是大湖农会转型经营的酒庄，由大湖草莓文化馆和大湖酒庄组成。

大湖草莓文化馆共有5层楼，一楼提供各式草莓纪念商品及农特产品，二、三楼介绍草莓的生态、发展史及食用方式，四、五楼设有餐厅及空中花园。

大湖酒庄是岛内第一家生产草莓水果酒的酒庄，内设有制酒中心及品酒中心（贩售农特产品、酒品区），酒庄不大，但是具有丰富的衍生产品。

可借鉴之处：一是充分挖掘当地资源，打造独特主题，实现农业与文化产业的结合。大湖草莓名冠台湾，大湖酒庄充分利用草莓资源，延伸产业链，将其作为一种文化发扬光大。酒庄既可以作为衍生品的开发地，又具有丰富的观光旅游价值。二是多种农业衍生品的开发，进一步提升农产品价值链。草莓做成的各种副产品，如草莓酱、草莓酒、草莓酒香肠、草莓酥、草莓牛奶糖、草莓泡芙、草莓醋等，衍生品不仅可以作为副食品，实现商品收益，又能丰富到此游玩的游客的体验。

（https://mp.weixin.qq.com/s?__biz=MzI0MDExODQzMQ%3D%3D&idx=3&mid=2247484204&sn=73963062c4c902a6220af5087f5e291a)

（二）日本

与欧洲国家乡村旅游的自发性特点相比，日本的乡村旅游市场的发展突出了政府的指导作用。因为日本的休假制度不够完善，所以日本乡村旅游比起欧洲的留驻型乡村旅游属于短期型的旅游形式。同时，因为日本的房屋建筑构造及兼业农户的就业状况，家庭旅馆式乡村旅游不符合日本的农家。在这种差异下，日本首次提出了绿色旅游的概念，开展了独具日本特色的乡村旅游。

典型案例1

世田谷区民健康村

群马县川场村总面积85.29平方千米，人口3 800人，从东京市中心驱车走关越高速或乘新干线列车约两小时可达。该村以发展“农业+观光业”为基本政策，主要靠创意与自主自立进行村落建设和发展。他们认为，要发展“农业+观光业”，离不开城乡交流与融合，离不开品牌建设。为此，川场村于1981年与东京都世田谷区结为姐妹关系，由两区村政府出资设立公益性企业运营管理“世田谷区民健康村”，通过开办森林教室、农业教室、木工教室、茅草屋教室、世田谷和纸造型大学，开展山村留学活动以及苹果树认种制、梯田认植制、宿营等富于创意的活动，从自然环境、农林业、教育、文化、体育、观光等方面开展全方位的城乡交流。世田谷区民将川场村作为第二故乡，区政府经常组织区民到川场村观光旅游、购物，而川场村民则通过周末在世田谷区的各个公园、超市以及各种节庆和文化活动中举办川场村物产展示销售会，向世田谷区民提供“安全、安心”的农产品而创出了品牌农产品，扩大了销路，观光业也得到了很大发展，2004 年川场村年接待游客人数从 1985 年的 4 万人增加到了 66 万人。

该案例是一个典型的城乡交流促进绿色休闲和创意农业发展的案例。“绿色休闲”即都市居民到农村去度假，这种度假方式已经从原来的当天往返型发展为长、短期住宿型，以前的当天往返型一般以购买直销农产品为主，而长、短期住宿型则还包括了农林水产业和农山渔村生活体验等多种形式。本案例中大都市的一个区与山村结为姐妹关系，是一种创意，这使城乡联系更加紧密，使农村的资源利用能够更贴近城市居民的需求而设计安排，使农产品有了一个稳定的销路，发展观光业客源也有了保证。其“健康村”设计的各类设施和活动也富于创意，且种类丰富，能够满足大都市居民不同层次、不同爱好人士的各方面需求。各类活动充分考虑到了日本城市居民的爱好与农村自然环境、条件的结合，不仅仅停留于住宿、餐饮、娱乐、采摘体验，而加入了大量知识性、技术性、文化、体育元素的活动，使都市居民不管男女老幼一年四季都可以选择自己喜爱的乡村度假、休闲、品尝农家菜、购物、农林业体验、实际种植、技艺学习与实践、体育比赛、志愿者活动等。通过各类活动，区民与村民面对面交流交心，使城乡交流变行政主导为民众之间的真诚人际交往，大都市居民可以放心食用自己认种的苹果、大米、租赁菜园种植的蔬菜以及自己去参观过的田地、面对面交谈过的人种植的农产品等，区、村联手共同出资设立的公益性企业，盈利还能够返还给双方的居民。这样的创意农业模式真正使城乡两方面的居民都得到了实实在在的好处。

（http：//www. sohu. com/a/7352725 _ 116150）

与欧洲国家相比，日本乡村旅游政策和韩国的有很多相似之处。观光项目以农家为中心，强调城乡交流，以增加农民收入所得为主要目的。通过城乡交流推动农村相关产品的6次产业化进程。日本农林水产厅2014年发表的“农林、农村6次产业化综合调查”中乡村旅游及其相关产业的销售额达到5 760 300万日元（折合8 640 400万元人民币），占据了日本6次产业总销售额的3.3%；经营体数达12 070个，占6次产业经营体的19%（表10-1）。

表10-1 日本乡村旅游现状

类 别	销售额（百万日元）	项目数量（个）	从业者数量（百人）	项目平均销售额（百万日元）	项目平均从业者数（百人）
观光农园	34 096	8 760	616	3.89	7.0
农家饭店	18 405	1 390	83	12.20	6.0
农家民泊	5 102	1 920	58	2.65	3.0
总数	5 760	12 070	757		

备注：材料来源于日本农林水产厅。

由表1可以看出，销售额及项目数、从业者数中观光农园所占的比重最大。在观光农园的项目数8 760个中，个人农家占7 700个，公司370个，农协30个，法人农家250个等，其中个人农家占据了绝对大的比重。农家家庭旅馆项目数1 920个中，个人农家占1 720个，公司60个，农协10个等。由此可以看个体经营制是日本乡村旅游的主要经营方式。

日本学者在1935年就提出了“农村观光”的概念，1960年之后乡村旅游在日本本土得到迅速发展，1993年日本开始实行“在农村度假”的产业项目政策，1995年出台了“农村休假法”，即《农山渔村驻留型休闲活动促进法》，通过对村庄基础设施的建设为村民提供了更加优良的居住环境，同时为城市游客提供了完善的娱乐场所。

2006年通过开展驻留型绿色旅游振兴项目建立了农村住宿支援体系，2011年出台了《关于促进农林水产业利用的相关法律（6次产业化法）》，促进了乡村旅游的活性化发展。2012年9月，日本政府公布了《株式会社支援农林渔业成长产业化组织法》，此法律强调“往来”（城乡往来）的重要性，有力地推动了日本乡村旅游农林渔业6次产业化的进程。

典型案例2

越后妻有大地艺术节

新泻县越后妻有地区（又称“十日町广域地区”）地处新泻县南部，包括1市1村4镇。为扩大城乡交流、增进外界对该地区的了解、搞活地方经济，1996年，该地区的6个市镇村联合制定了以“艺术”为突破口的“十日町地区理想乡村建设计划——建立越后妻有地区艺术圈构想”，该构想由举办“大地艺术节”、大自然体验交流文化设施（舞台）整备、修建“鲜花之路”、发现越后妻有8万民众的优点等4个项目组成，其中，每3年举办一届“大地艺术节”是重中之重。

大地艺术节是指将6个市镇村共计762平方千米的大地视为美术馆，当地居民与国内外来访的客人在这个没有屋顶也没有墙壁的美术馆里一边欣赏将大自然中的青山、梯田、森林，以及当地风土、历史融为一体而创作的大地艺术作品一边进行交流的活动。艺术节期间，广场、散步游道、小溪等都被当做一件一件的艺术作品而创造制作，这样，每举办一届艺术节，这些艺术作品作为当地人民的财富就增加一些并被保存下来。艺术节期间，还同时举办地球环境研讨会、美术建筑夏令营、艺术剧场（演剧、舞蹈、音乐会）等活动。2000年的第一届从7～9月，历时53天，来自32个国家的艺术家的148件作品参加艺术节展示，到访观众达到163 000人；2003年的第二届历时50天，除了展示以大地为舞台创作的艺术作品之外，第二届艺术节还收到并放映了国外参展的电视短片作品，建成了由世界著名建筑家参与设计的 3 个交流设施，到访观众达到了 205 000 人，比第一届大幅增加。

据艺术节组委会统计，两届艺术节的经济波及效果（建设投资和消费支出），第一届为 127 亿日元，第二届达到了 188 亿日元。当然，艺术节不仅在促进当地经济发展方面显现了很强的波及效果，同时也促进了越后妻有地区的乡村面貌改变、国内、国际知名度提升以及城乡交流。

（http：//www.sohu.com/a/7352725_116150）

日本政府除了实施对乡村旅游的扶持、监督、宣传等政府干预手段外，同时还重视个体农户和非政府组织的发展。政府和农村合作组织在推动日本乡村旅游发展的进程中发挥了重要的作用。日本最具代表性的农村合作组织“城农交流活性化组织”，是 2001 年在政府的支援下由农林渔业体验协会、家乡信息中心、装扮村庄协会 3 个组织合并而成，主要负责宣传城农交流相关政策，提供信息、相关者的教育进修等服务，同时监管对乡村旅游业经营者的评价及注册工作。

典型案例 3

亚洲发达国家：生态交流型休闲农业和乡村旅游

相对于欧美，休闲农业和乡村旅游起步较晚的亚洲发达国家发展速度却极其迅速。以体验农村生活为主题的电视节目、杂志和报纸在当今城市居民对农业、农村需要高涨的背景下人气非常旺盛，因此生态交流型的乡村旅游在该地区受到欢迎。典型代表是日本的大王山葵农场，该农场以黑泽明导演的电影《梦》拍摄地点而闻名日本全国，每年吸引约 120 万访客旅游。这种以农场为依托，以媒体传播为宣传手段也是乡村旅游发展的方向之一。

可借鉴之处：重视宣传推介手段运用，即通过影视作品来促进休闲农业和乡村旅游的发展。提升品牌知名度一直是宣传推介的重要目的，所以在条件允许的情况下，可以通过各种宣传推介方式来宣传乡村旅游目的地，更重要的是要提示休闲农业和乡村旅游经营者宣传促销的重要性。

（http：//www. chanyeguihua. com/2056. html）

（三）法国

法国的休闲农业和乡村旅游发展比较早。早在 1939 年，法国就推行带薪休假制度，城市居民相对闲暇时间增多，开始对价格便宜的休闲农业和乡村旅游产生兴趣。1950 年，法国政府采取了对休闲农业和乡村旅游的扶持政策；1952 年成立了非政府组织“农业与观光协会”；1980 年开始开展业态多样化的休闲农业和乡村旅游，政府也同时采取了多样化的扶持政策。

典型案例 1

法国的休闲农业和乡村旅游 “精神＋自然”让人陶醉

法国是一个浪漫之都，是农业大国，也是美食之国，是世界上最负盛名的三大美食国度之一。法国的休闲农业和乡村旅游做的极其精致，“美景＋美味＋情怀”是法国休闲农业和乡村旅游的最主要特色。下面介绍的法国的休闲农业和乡村旅游度假农庄，就是最好的例证。

法国的乡村小镇很多，每个乡村小镇都极具特色，充满了自然风光和人文情怀的结合。美丽的乡村自然风光和深厚的人文情怀的高度融合，给人惬意的感受。

法国农庄其实是由民间组织按照其房间数目、相关设备等条件分级，以麦穗为分级标志，房间有一到四级，度假小屋则分五级。

也有更豪华一点的，中世纪城堡或大豪宅改建的民宿，大理石建材、上百坪后花园、私人游泳池，是绝对法式的住宿体验，不过价格非常昂贵！

不同的农庄都是根据不同品味，布置不同的风格，所以游客感受的味道也各有特色。有的农庄房间保留着农舍原本的结构，有着粗大而结实的木梁，是道道地地农庄朴实的风味；有的房间则摆设着主人收集的艺术品、看过的书，散发着不造作的气质。

休闲农家的早餐可以吃到刚出炉的热乎乎的法国面包，人工制作的新鲜果酱，再配上法式咖啡或浓郁的热巧克力，一天的开始就充满了幸福的感觉。

法国农家家常餐，很有特色，还有葡萄酒佐餐，这样的美食和自然环境好像真的有那么点融入当地人的生活。

住在这里可以品酒、买酒，9月、10月还可以看到农家怎么采收葡萄、酿葡萄酒，非常有趣。

法国不但有浪漫都市，也有浪漫的休闲农业和乡村旅游，在如此美丽和恬静舒适的农庄度假休闲，享受大自然和人文情怀的氛围，给人以心旷神怡的感受！

这种独特的个性化特色，就是休闲农业和乡村旅游项目打造中不可多得的核心所在。

(http：//www.sohu.com/a/195967377_99979149)

农村观光型产品的高附加价值化是法国乡村旅游的特色，法国的乡村旅游在开展农家度假模式的同时，更注重通过农村度假带动整个地方的全域旅游，通过展开各种形式的乡村旅游增加多样化的收入。据2014年的数据统计，法国依靠农家乐创造的附加价值占据了全国GDP的0.4%，占农业附加值的20%左右，法国乡村旅游市场占据了全国观光销售额的19%的份额，法国的观光业占法国 GDP 的 7%左右，其中乡村旅游占全国 GDP 的 1.3%。法国农业比重占全国 GDP 的 2%，由此可以看出乡村旅游产业在法国占据了非常大的比重。

法国的乡村旅游政策的特点是结合了政府干预与市场机制的混合型发展模式，政府对于乡村旅游在法律制度上有严格的控制，如要想经营乡村旅游住宿业必须提前 2 个月向所在的道厅提出申请，申请通过后，乡村旅游经营者必须加入保险，遵守卫生法规，同时客人、服务员、家畜等也要加入相应的保险，同时对于旅馆的住宿面积、楼梯的高度等都有明确的法律规定。法国政府对乡村旅游的支援政策可以分为直接和间接支援两大方面。间接支援主要是根据中央政府和地方政府间的约定，保留乡村地区的历史文化性。直接性的援助是对于农村观光设施的投资补助及融资、农村住宅的改造、农产品的销售、农民相关的教育研修费用的补助等方面。

典型案例 2

法国普罗旺斯

法国南部地中海沿岸的普罗旺斯不仅是法国国内最美丽的乡村度假胜地，更吸引来自世界各地的度假人群。普罗旺斯的特色植物——薰衣草成为普罗旺斯的代名词，其充足灿烂的阳光最适合薰衣草的生长，因此，游客不仅可以欣赏花海，还带动了一系列各式薰衣草产品的销售。除了游览，还有特色美食——橄榄油、葡萄酒、松露也享誉世界。还有持续不断的旅游节庆活动，以营造浓厚的节日氛围和艺术氛围，不断吸引来自全球的度假游客。

(http://www.chanyeguihua.com/2056.html)

法国具有代表性的乡村旅游组织“GITE”，有 50 000 人加入了此组织，是欧洲最大的非政府民间组织。组织对加入的农家家庭旅馆同样采取了等级制度。

由于欧洲国家经济体制一致，并各国在乡村地主的发展上具有政策上的一致性，通过对欧洲代表性国家英、法两国的乡村旅游促进背景、市场动向、政策特点及非政府组织的介绍，分析出欧洲地区乡村旅游政策具有以下特点：

第一，欧洲乡村旅游政策的观光活动的开展重视市民保护自然环境的意识及农村观光型产品的高附加价值化。

第二，政府对于乡村旅游的支援强调其自然发生成长的过程，政府对于乡村旅游的干预比较少，很多制度细节由地区团体根据当地实情自由制定。

第三，中央政府和地方政府各负其责，相互合作。中央政府负责研修、教育、咨询、调查研究、宣传、制度改善等方面的支援，地方政府负责投资支援（法国）。

第四，拥有强大的非政府组织网络。民间组织制定自己的规章，执行与乡村旅游经营者相互商谈指导，提供情报，技术教育，共同营销等职责。

典型案例3

欧洲：乡野农庄型休闲农业和乡村旅游

欧洲国家休闲农业和乡村旅游发展最早，并形成多元化的休闲农业和乡村旅游形态，在这之中，“民宿农庄”“度假农庄”尤为典型。这种形态的旅游或以度假为主的民宿农庄、露营农场，或以美食品尝为主的农场饭店开展，也有以适应欧洲居民习俗的骑马农场、教学农场、探索农场和狩猎农场等形式发展起来。例如，在法国、奥地利、英国农村，将旅游住宿附加球场、赛马场、钓鱼场、园林等设施，迎合休闲旅游者需求。

可借鉴之处：增加休闲农业和乡村旅游的参与性项目，

欧洲国家这种休闲农业和乡村旅游的发展本身就是由赛马、高尔夫球、钓鱼等实际参与性活动的催生而形成的，可见对于休闲农业和乡村旅游的发展其参与性项目的重要性，民俗、露营、美食品尝等当地特色化内容也是休闲农业和乡村旅游发展的重点之一。

（http：//www. chanyeguihua. com/2056. html）

附　录

附录1　农业农村部关于开展休闲农业和乡村旅游升级行动的通知

农加发〔2018〕3号

各省、自治区、直辖市及计划单列市农业（农牧、农村经济）厅（局、委），新疆生产建设兵团农业局：

为深入贯彻党的十九大精神，认真落实《中共中央、国务院关于实施乡村振兴战略的意见》关于“实施休闲农业和乡村旅游精品工程”的决策部署，促进农业高质量发展，加快培育乡村发展新动能，农业农村部决定开展休闲农业和乡村旅游升级行动。现将有关事项通知如下。

一、深刻认识重要意义

休闲农业和乡村旅游是农业旅游文化“三位一体”、生产生活生态同步改善、农村一二三产业深度融合的新产业新业态新模式。党的十八大以来，休闲农业和乡村旅游呈现持续较快增长态势，为农业农村经济发展和农民就业增收发挥着越来越重要的作用。但产业总体发展仍然不平衡不充分，中高端乡村休闲旅游产品和服务供给不足，发展模式功能单一，经营项目同质化严重，管理服务规范性不足，硬件设施建设滞后，从业人员总体素质不高，文化深入挖掘和传承开发不够等问题仍不同程度存在。开展升级行动，有利于推进农业供给侧结构性改革，促进农业转型升级；有利于发展农村新产业新业态新模式，加快培育农业农村发展新动能；有利于农民就近就地创业，促进农民就业增收；有利于改善农村人居环境，为城乡居民提供看山望水忆乡愁的好去处，满足人民日益增长的美好生活需要。实施升级行动对于推进休闲农业和乡村旅游高质量发展，实施乡村振兴战略，加快农业农村现代化，实现农业强、农村美、农民富，建设美丽中国健康中国都具有十分重要的意义。

二、准确把握总体要求

开展休闲农业和乡村旅游升级行动要以习近平新时代中国特色社会主义思想为指导，践行“绿水青山就是金山银山”重要理念，贯彻落实中央1号文件精神，紧紧围绕实施乡村振兴战略，以深化农业供给侧结构性改革为主线，以建设美丽乡村、促进农民就业增收、满足居民休闲消费为目标，推进业态升级、设施升级、服务升级、文化升级、管理升级，推动乡村休闲旅游高质量发展，为加快推动农业农村现代化提供有力支撑。

开展升级行动，要坚持以人民为中心的发展思想，紧紧围绕农民就业增收和市民休闲旅游需求，不断增强城乡居民的获得感、幸福感、安全感；坚持以农业为基础的发展定位，积极拓展农业多种功能，因地制宜发展休闲观光、体验娱乐、科普教育、健体康养、民俗民宿等特色产业；坚持以绿色为导向的发展方式，遵循乡村自身发展规律，美化乡村生态环境，提供绿色优质产品和服务；坚持以创新为动力的发展路径，积极发展创意农业，创作一批充满艺术创造力、想象力和感染力的创意精品；坚持以文化为灵魂的发展特色，立足本地农耕文明，发掘民俗文化，拯救村落文化，弘扬乡贤文化，讲好乡村故事。

三、进一步明确目标任务

到2020年，休闲农业和乡村旅游产业规模进一步扩大，营业收入持续增长，力争超万亿元，实现业态功能多样化、产业发展集聚化、经营主体多元化、服务设施现代化、经营服务规范化，打造一批生态优、环境美、产业强、机制好、农民富的休闲农业和乡村旅游精品，支撑农业现代化、带动农民增收、促进美丽乡村建设的作用更加突出，满足城乡居民美好生活需要的能力进一步增强。

（一）培育精品品牌促升级

创新推动休闲农业和乡村旅游品牌体系建设，以行政村镇为核心，建设一批天蓝、地绿、水净、安居、乐业的美丽休闲乡村（镇）；以集聚区为核心，建设一批功能齐全、布局合理的现代休闲农业园区；以经营主体为核心，建设一批增收机制完善、示范带动力强的现代休闲农庄。全国上下联动、精心组织休闲农业和乡村旅游大会、美丽乡村休闲旅游行等主题活动，分时分类向社会发布推介精品景点线路。鼓励各地因地制宜培育农业嘉年华、休闲农业特色村镇、农事节庆、星级农（林、牧、渔）家乐等形式多样、富有特色的品牌。

（二）完善公共设施促升级

充分利用政府、社会和金融机构等不同渠道资金，加大对休闲农业和乡村旅游公共服务设施建设的支持力度，改造提升一批休闲农业村庄道路、供水、停车场、厕所、垃圾污水处理等设施，扶持建设一批设施齐全、功能完备、特色突出的美丽休闲乡村（镇）、休闲农业园区和休闲农庄。鼓励因地制宜兴建特色餐饮、特色民宿、购物、娱乐等配套服务设施，满足消费者多样化的需求。

（三）提升服务水平促升级

组织开展休闲农业和乡村旅游人才培训行动，加强行政指导、经营管理、市场营销等培训，培育一批积极性高、素质强、善经营的行业发展管理和经营人才。鼓励从业人员就近就地参加住宿、餐饮、服务等各种培训，增强服务意识、规范服务礼仪、提高服务技能，提升服务规范化和标准化水平。组织编制休闲农业精品丛书，加强对休闲农业设计、管理、营销、服务的指导。鼓励实行学历教育、技能培训、实践锻炼等多种教育培训方式提高从业者素质能力。

（四）传承农耕文化促升级

结合资源禀赋、人文历史和产业特色，挖掘农村文化，讲好自然和人文故事，建设有温度的美丽乡村，书写记得住的动人乡愁，提升休闲农业和乡村旅游的文化软实力和持续竞争力。按照在发掘中保护、在利用中传承的思路，做好第五批中国重要农业文化遗产发掘保护认定，加大对已认定遗产保护和合理适度利用。举办中国重要农业文化遗产主题展，提高全社会对农业文化遗产保护工作的认识。

（五）注重规范管理促升级

梳理、修订和完善现有休闲农业和乡村旅游标准，加大宣传和贯彻力度，提升产业标准化、规范化发展水平。注重发挥休闲农业和乡村旅游协会、产业联盟和社会组织的桥梁纽带作用，形成经营主体自我管理、自我监督、自我服务的管理服务体系。加强对从业人员的诚信教育和服务考核，规范竞争行为，营造公平环境。加强安全宣传教育，强化安全意识，完善预警机制，提升应急能力。

四、切实强化保障措施

（一）强化组织领导

各地农业农村管理部门要从战略和全局的高度深化认识，把开展升级行动作为推动乡村振兴的重要举措，认真履行规划指导、监督管理、协调服务的职责，充实工作力量，建立高效的管理体系。要尽快组织制定发展战略、政策、规划、计划并指导实施，进一步明确目标任务和主要内容，大力推动休闲农业和乡村旅游高质量发展。

（二）强化政策落实

要结合实际认真贯彻落实中央1号文件，农业部、财政部等11部门印发的《关于积极开发农业多种功能 大力促进休闲农业发展的通知》（农加发〔2015〕5号）和农业部、国家发展改革委等14部门印发的《关于大力发展休闲农业的指导意见》（农加发〔2016〕3号）等系列政策措施，制定完善具体实施意见，协调各部门在用地、财政、税收等方面落实扶持措施，推动政策落地生效。

（三）强化宣传引导

充分利用报刊、电视、网络、微博、微信等各类媒体，大力宣传休闲农业和乡村旅游政策措施，及时总结宣传新进展新成效、好做法好经验。要创新形式，举办各具特色、形式多样的发布推介活动，加强对各类精品品牌、先进主体、优秀人物宣传，发挥好典型示范的引领带动作用，传播好声音、好故事，营造产业发展良好氛围。

（四）强化公共服务

要加大监测统计力度，建立健全监测统计制度，开展动态监测分析，为产业发展提供数据支撑。加强对已认定全国休闲农业和乡村旅游示范县等品牌的动态管理考核，研究设立考核标准和退出机制。鼓励引导社会资本参与信息服务平台建设，完善休闲农业和乡村旅游网有关功能，提升信息化服务水平。充分发挥休闲农业专家委员会、农业文化遗产专家委员会、休闲农业重点实验室、研究所、创意中心、职业院校的人才优势，为产业发展提供智力支撑。

农业农村部

2018年4月13日

附录2 农业部办公厅关于推动落实休闲农业和乡村旅游发展政策的通知

农办加〔2017〕15号

休闲农业和乡村旅游是农业供给侧结构性改革的重要内容，是农业农村经济发展的新动能。党中央、国务院高度重视休闲农业和乡村旅游发展，2015年以来连续3个中央1号文件都提出要大力发展休闲农业和乡村旅游，使之成为繁荣农村、富裕农民的新兴支柱产业。国务院办公厅在加快转变农业发展方式、推进农村一二三产业融合发展、促进旅游投资和消费、支持返乡下乡人员创业创新的四个意见中都强调，要大力发展休闲农业和乡村旅游，推进农业与旅游、教育、文化、健康养老等产业深度融合。为贯彻党中央、国务院的文件精神，2015年农业部联合财政部等11个部门印发《关于积极开发农业多种功能　大力促进休闲农业发展的通知》（农加发〔2015〕5号），2016年联合国家发展改革委等14部门印发了《关于大力发展休闲农业的指导意见》（农加发〔2016〕3号），指导全国休闲农业和乡村旅游发展。党中央、国务院和相关部门的文件和意见的相继出台，标志着全国休闲农业和乡村旅游政策体系框架的形成。近年来，各级休闲农业管理部门高度重视，采取多种措施推动政策落实，为本地休闲农业和乡村旅游发展营造了良好环境。但一些地方仍存在认识不足、重视不够、落实不力等问题，严重影响了中央政策的落地生效。为督促政策落实，指导工作开展，现就有关事项通知如下。

一、充分认识落实政策的重要意义

党中央、国务院和多个部门出台的休闲农业和乡村旅游政策措施，具有很强的指向性、针对性和操作性，是今后一个时期指导各地产业发展的重要政策性文件。贯彻落实好这些文件中规定的一系列政策措施，对于促进引导休闲农业和乡村旅游持续健康发展，加快培育农业农村经济发展新动能，壮大新产业新业态新模式，推进农村一二三产业融合发展，深入推进农业供给侧结构性改革，实现农业增效、农民增收、农村增绿具有十分重要的意义。各级休闲农业管理部门要进一步统一思想，提高认识，结合本地实际尽快制定具体实施意见，切实推动政策贯彻落实。

二、认真推动政策落实

各级休闲农业管理部门要加强沟通协调，进一步将政策细化实化，切实提高政策的精准性、指向性和可操作性，推动各项政策落地生根，促进休闲农业和乡村旅游业态多样化、产业集聚化、主体多元化、设施现代化、服务规范化和发展绿色化。

在用地政策上，要落实城乡建设用地增减挂钩试点，农村集体经济建设用地自办、入股等方式经营休闲农业的政策。要积极向当地政府汇报，争取将休闲农业和乡村旅游项目建设用地纳入土地利用总体规划和年度计划合理安排。要支持有条件的地方通过盘活农村闲置房屋、集体建设用地、“四荒地”、可用林场和水面等资产资源发展休闲农业和乡村旅游。

在财政政策上，要鼓励各地整合财政资金，将中央有关乡村建设资金向休闲农业集聚区倾斜。要探索采取以奖代补、先建后补、财政贴息、设立产业投资基金等方式加大财政扶持力度。要创新融资模式，鼓励利用PPP模式、众筹模式、互联网+模式、发行私募债券等方式，引导社会各类资本投资休闲农业和乡村旅游。

在金融政策上，要创新担保方式，搭建银企对接平台，鼓励担保机构加大对休闲农业和乡村旅游的支持力度，帮助经营主体解决融资难题。要推动银行业金融机构拓宽抵押担保物范围，扩大信贷额度，加大对休闲农业的信贷支持，带动更多的社会资本投资休闲农业和乡村旅游。

在公共服务上，要从规划引导入手，积极推进“多规合一”，将休闲农业和乡村旅游开发纳入城乡发展大系统中，打造产业带和产业群。要加大行业标准的制定和宣贯力度，建立健全食品安全、消防安全、环境保护等监管规范。要积极构建完善的休闲农业和乡村旅游监测统计制度。要鼓励高等院校、职业学校开设专业和课程，培养一批规划设计、创意策划和市场营销专门人才。要加强从业技能培训，培养一批服务接待、教育解说实用人才，提升服务质量。

在品牌创建上，要按照“3+1+X”的品牌培育体系，在面上继续创建全国休闲农业和乡村旅游示范县（市、区），在点上继续推介中国美丽休闲乡村，在线上重点开展休闲农业和乡村旅游精品景点线路推介，吸引城乡居民到乡村休闲消费。要继续加大中国重要农业文化遗产的发掘保护传承工作，推动遗产地经济社会可持续发展。要指导各地积极探索农业嘉年华、休闲农业特色村镇、星级户等地方品牌创建。

在宣传推介上，要按照“统筹谋划、上下联动、均衡有序”的思路，加大宣传推介，创新推介方式，在节假日和重要农事节庆节点，有组织、有计划地开展休闲农业和乡村旅游精品景点宣传推介，扩大产业的影响力。要指导各地举办特色鲜明、影响力大、公益性强的农事节庆活动。

三、切实加强组织领导

休闲农业和乡村旅游的持续健康发展，事关发展现代农业、增加农民收入、建设社会主义新农村，事关经济社会发展全局。各级休闲农业管理部门要履职尽责，因势而谋、应势而动、顺势而为、开拓创新，认真抓好各项政策的落实。

一要层层推动落实。要按照中央有关文件要求和统一部署，结合本地实际，争取尽快制定实施含金量高，指向性、精准性、操作性强的政策文件，积极推动中央各项政策的落地生根。

二要层层落实责任。要加强与有关部门协调沟通，探索成立由农业部门牵头、有关部门参与的工作协调机制。要明确工作责任，形成主要负责同志亲自抓、分管负责同志牵头抓、分管处室具体抓的工作格局。

三要层层开展督导。要加强督促检查，建立年前有计划、年中有落实、年终有考核的督察机制。要探索将政策落实和工作推动纳入年度目标任务考核。

我部将于今年下半年择时开展实地督导，全面了解政策落实情况，并对各地贯彻落实政策情况进行通报。各地要及时总结好经验、发现新问题、提出新措施，并请于6月16日前将政策落实情况及下一步工作计划，以厅文形式报送农业部农产品加工局，并发送电子邮件至xqjxxc@agri.gov.cn，邮件标题统一使用“政策落实情况”。

联系方式：

农业部农产品加工局休闲农业处

联 系 人：辛 欣、贾新平

联系电话：010-59192271　59193256

附件：休闲农业和乡村旅游工作情况统计表（略）

农业部办公厅

2017年5月25日

附录3　农业部办公厅关于印发全国农产品加工业人才培训等三个行动方案的通知

农办加〔2017〕28号

为贯彻落实党的十九大精神和《国务院办公厅关于进一步促进农产品加工业发展的意见》（国办发〔2016〕93号）、《国务院办公厅关于支持返乡下乡人员创业创新促进农村一二三产业融合发展的意见》（国办发〔2016〕84号）以及农业部、发展改革委、财政部等14部门联合印发的《关于大力发展休闲农业的指导意见》（农加发〔2016〕3号）精神，进一步推进农产品加工业人才、全国农村创业创新人才、休闲农业和乡村旅游人才（以下简称三类人才）培训工作，我部组织制定了《全国农产品加工业人才培训行动方案》《全国农村创业创新人才培训行动方案》和《全国休闲农业和乡村旅游人才培训行动方案》（附件1～3）。为组织开展三类人才培训工作，现就有关事项通知如下：

一、重要意义

党的十九大提出，要实施乡村振兴战略，促进农村一二三产业融合发展；实施人才强国战略，建设知识性、技能型、创新型劳动者大军。人才资源是第一资源。人才是创新的根基，是创新的核心要素。创新驱动实质上是人才驱动。组织开展三类人才培训行动，有利于持续增加行业人才总量供给、优化人才队伍结构、提升人才队伍整体素质，是推进行业人才队伍建设的重要途径，是实施创新驱动发展战略、推动农产品加工业转型升级和农村一二三产业深度融合的客观要求，对于加快推进农业供给侧结构性改革、促进农民增收、推动农村创业创新和城乡协调发展具有重要意义。各级农业主管部门要不断增强责任感、使命感，把组织开展三类人才培训行动作为一项长期而又紧迫的任务摆上重要议事日程，进一步创新机制，加强服务，优化环境，全面提升三类人才队伍建设水平，为全国农产品加工业、农村创业创新、休闲农业和乡村旅游持续稳定健康发展，提供更加有力的人才支撑和智力保障。

二、行动目标

2018—2020年，在全国开展农产品加工业、农村创业创新、休闲农业和乡村旅游百万人才培训行动，累计培训各类人才100万人次。其中，以科技创新与推广、经营管理、企业家和职业技能人才为重点，培训农产品加工业人才45万人次；以农村创业创新人员、企业家、创业导师等为重点，培训农村创业创新人才40万人次；以规划设计、经营管理、服务导览人才为重点，培训休闲农业和乡村旅游人才15万人次。

三、保障措施

（一）多渠道增加培训投入

积极争取各级财政经费用于开展农产品加工业、农村创业创新、休闲农业和乡村旅游人才培训工作。主动与人力资源、教育、科技等部门沟通协调，充分利用新型职业农民培育工程和农村实用人才带头人培训项目，开展三类人才培训。指导市、县两级农业管理部门因地制宜制定人才培训计划，充分调动市、县两级农业管理部门积极性，把培训工作与地方的农产品加工业、农村创业创新、休闲农业和乡村旅游工作相结合，多层级组织好人才培训工作。

（二）广泛整合培训资源

通过政府购买服务、专项资金支持、市场化运作等方式，鼓励和支持各类农业园区、科研机构、大专院校、生产企业、社团组织等积极参与三类人才培训行动，形成大联合、大协作、大培训格局。加强农产品加工业培训鉴定机构的能力建设，充分发挥各级农业广播电视学校和农村实用人才培训基地的作用。组建开放共享、动态管理的人才培训师资库。开展优秀教材、精品网络课件等教学资源评价推介活动，鼓励各地共建共享优质教学资源。

（三）积极创新培训方法

坚持理论与实践相结合、课堂讲授与现场实训相结合、线上培训与线下培训相结合，不断创新和丰富培训方式方法。充分利用互联网等现代信息技术手段，为学员提供灵活便捷、智能高效的在线培训、移动互联服务和全程跟踪指导。在具备条件的培训科目中，改变传统的“填鸭式”教学方式，积极推行互动教学、案例教学、现场教学，设置更多研讨环节，促进教学相长，鼓励学员之间相互交流、相互学习、相互启发。

（四）切实提高培训质量

增强培训的精准性，鼓励各类培训机构针对不同培训对象开展个性化、定制化培训，增强培训方案的针对性，确保培训效果。通过跟班督查、随机抽查等方式，加强对各类培训班次的过程监管。组织开展培训满意度调查，探索对培训质量和效果开展第三方评估，及时根据调查或评估结果改进培训组织工作。

（五）认真做好总结宣传

加强对三类人才培训工作的宣传引导，深入总结宣传各地组织开展三类人才培训行动的成功经验和做法，加强学习交流，相互促进，共同提高。充分借助各种媒体资源，特别是用好新媒体新技术，形成全媒体报道格局，多角度全方位地宣传人才培训行动，努力营造全社会共同关心、支持人才培训工作的良好舆论氛围。

各省（区、市）农业主管部门要统筹整合财务、人事、科技、教育等方面的资源和力量，针对培训任务，科学制定本省（区、市）开展三类人才培训行动的总体实施方案，确保培训任务落实到位。我部将在每年适当时间组织开展检查督导工作。请于今年12月20日前，将本省（区、市）的总体实施方案报我部农产品加工局，此后于每年12月20日前将当年组织三类人才培训行动的全年工作总结连同年度培训任务完成情况统计表（附件4）一并报送我部农产品加工局。

联系人：梁　漪

电话：010－59192072

电子邮箱：nybncpjg@163.com

附件：1. 全国农产品加工业人才培训行动方案（略）

2. 全国农村创业创新人才培训行动方案（略）

3. 全国休闲农业和乡村旅游人才培训行动方案（略）

4. 全国农产品加工业、农村创业创新、休闲农业和乡村旅游人才培训年度任务完成情况统计表（略）

农业部办公厅

2017年10月17日

附录 4　全国休闲农业和乡村旅游人才培训行动方案

一、基本思路

深入贯彻落实农业部、国家发展改革委等 14 部门联合印发的《关于大力发展休闲农业的指导意见》（农加发〔2016〕3 号）精神，进一步转变理念、完善机制、搭建平台、强化服务，以培养规划设计人才、经营管理人才、接待服务人才为重点，全面加强休闲农业和乡村旅游人才队伍建设，切实提升全行业创意创新和管理服务水平，促进休闲农业和乡村旅游由粗放式、单一性、低水平，向规范化、精致化、优质化发展方向转变。

二、行动目标

通过整合培训资源，完善培训内容，改进培训方法，提高培训质量，依托职业院校、行业协会和产业基地，分类、分层开展休闲农业管理和服务人员培训，到 2020 年底，完成全国培训休闲农业和乡村旅游人才 15 万人次的目标，使行业人才队伍规模不断壮大，从业人员素质大幅提高，各类人才服务休闲农业和乡村旅游提升发展的能力明显提高，产业发展智力支撑能力进一步增强。

三、主要任务

（一）以提升项目建设水平为重点，加强规划设计人才培训

依托科研教学单位建立一批设计研究中心、规划中心、创意中心，开展项目研究谋划、农业景观设计、农业功能拓展、农事体验创意等方面培训和咨询，全面加强休闲农业和乡村旅游规划

设计人才培养，为休闲农业项目注入先进的建设规划理念，推动项目农业与生态、科技、文化、创意、建筑等多元素融合，提升休闲农业和乡村旅游项目规划设计的科学性和可行性。

（二）以提升实体运营能力为重点，加强经营管理人才培训

组织开展针对休闲农业和乡村旅游经营业主、专业村干部、合作社负责人等管理人员的培训，积极培育创办领办休闲农业致富带头人，为实体运营注入先进的经营管理经验。鼓励高等院校开设休闲农业专业和课程，开展专业培训咨询，发展、培养、充实一批经营管理和市场营销专业人才，全面提升休闲农业经营管理人员素质能力，提升思维高度、开拓战略视野，加强经营点管理人员发展战略、营销推介、资本运作、人力资源、质量控制、品牌创建和维护等方面培训，推动经营管理人才队伍建设科学化、专业化、职业化。

（三）以提升接待服务能力为重点，加强实用技能人才培训

充分发挥职业技术学校和社会机构的作用，鼓励举办休闲农业和乡村旅游相关专业和短期课程，开展肢体仪态、游览服务礼仪、餐饮服务礼仪、解说服务礼仪等职业技能培训，培养一批服务接待、教育解说实用人才，全面提升休闲农业和乡村旅游从业人员的礼仪举止和接待服务质量。

2018—2020 年全国休闲农业和乡村旅游人才培训任务分解表

单位：人次

序号	省份、计划单列市及兵团	3 年完成培训任务总量	2018 年	2019 年	2020 年
1	北京	1 800	600	600	600
2	天津	3 300	1 100	1 100	1 100
3	河北	7 500	2 500	2 500	2 500
4	山西	1 500	500	500	500

（续）

序号	省份、计划单列市及兵团	3年完成培训任务总量	2018年	2019年	2020年
5	内蒙古	3 000	1 000	1 000	1 000
6	辽宁	6 600	2 200	2 200	2 200
7	吉林	6 000	2 000	2 000	2 000
8	黑龙江	5 400	1 800	1 800	1 800
9	上海	3 000	1 000	1 000	1 000
10	江苏	11 400	3 800	3 800	3 800
11	浙江	10 500	3 500	3 500	3 500
12	安徽	11 400	3 800	3 800	3 800
13	福建	6 300	2 100	2 100	2 100
14	江西	6 000	2 000	2 000	2 000
15	山东	7 500	2 500	2 500	2 500
16	河南	3 600	1 200	1 200	1 200
17	湖北	7 500	2 500	2 500	2 500
18	湖南	9 000	3 000	3 000	3 000
19	广东	4 800	1 600	1 600	1 600
20	广西	4 500	1 500	1 500	1 500
21	海南	4 500	1 500	1 500	1 500
22	重庆	3 900	1 300	1 300	1 300
23	四川	4 500	1 500	1 500	1 500
24	贵州	3 000	1 000	1 000	1 000
25	云南	4 500	1 500	1 500	1 500
26	西藏	300	100	100	100
27	陕西	1 500	500	500	500
28	甘肃	1 200	400	400	400
29	青海	1 200	400	400	400
30	宁夏	1 500	500	500	500

（续）

序号	省份、计划单列市及兵团	3年完成培训任务总量	2018年	2019年	2020年
31	新疆	1 500	500	500	500
32	大连	450	150	150	150
33	青岛	300	100	100	100
34	宁波	450	150	150	150
35	厦门	300	100	100	100
36	新疆兵团	300	100	100	100
合计		50 000	50 000	50 000	50 000

附录 5　关于大力发展休闲农业的指导意见

农加发〔2016〕3 号

发展休闲农业是发展现代农业、增加农民收入、建设社会主义新农村的重要举措，是促进城乡居民消费升级、发展新经济、培育新动能的必然选择。为深入贯彻落实中央 1 号文件精神，进一步改善休闲农业的基础设施，提升服务质量，优化政策措施，推动产业持续健康发展，现提出如下意见。

一、重要意义

休闲农业是现代农业的新型产业形态、现代旅游的新型消费业态，为农林牧渔等多领域带来了新的增长点。“十二五”以来，全国休闲农业取得了长足发展，呈现出“发展加快、布局优化、质量提升、领域拓展”的良好态势，已成为经济社会发展的新亮点。“十三五”时期，随着城乡居民生活水平的提高、闲暇时间的增多和消费需求的升级，休闲农业仍有旺盛的需求，仍将处于黄金发展期。目前，休闲农业发展现状与暴发式增长的市场需求还不相适应，发展方式还比较粗放，存在思想准备不足、基础设施滞后、文化内涵挖掘不够、产品类型不够丰富、服务质量有待提高等问题，亟须提档升级。

大力发展休闲农业，有利于推动农业和旅游供给侧结构性改革，促进农村一二三产业融合发展，是带动农民就业增收和产业脱贫的重要渠道，是推进全域化旅游和促进城乡一体化发展的重要载体。各地要充分认识休闲农业消费对增长的积极作用，进一步提高思想认识，完善政策措施，加大工作力度，切实推动休闲农业产品由低水平供需平衡向高水平供需平衡跃升，为促进农业强起来、农村美起来、农民富起来做出新贡献。

二、总体要求

（一）指导思想

深入贯彻党的十八大和十八届三中、四中、五中全会精神，牢固树立“创新、协调、绿色、开放、共享”的发展理念，紧紧围绕发展现代农业、增加农民收入、建设社会主义新农村三大任务，以促进农民就业增收、满足居民休闲消费需求、建设美丽宜居乡村为目标，以激发消费活力、促进产业升级、实施产业脱贫为着力点，坚持农耕文化为魂，美丽田园为韵，生态农业为基，传统村落为形，创新创造为径，加强统筹规划，强化规范管理，创新工作机制，优化发展政策，加大公共服务，整合项目资源，推进农业与旅游、教育、文化、健康养老等产业深度融合，大力提升休闲农业发展水平，着力将休闲农业产业培育成为繁荣农村、富裕农民的新兴支柱产业，为城乡居民提供望得见山、看得见水、记得住乡愁的高品质休闲旅游体验。

（二）基本原则

一是以农为本、促进增收。坚持以农业为基础，农民为主体，农村为场所，加强规划引导，科学构建利益分享机制，增强农民自主发展意识，激发农民创业创新活力。

二是多方融合、相互促进。加强与农耕文化传承、创意农业发展、乡村旅游、传统村落传统民居保护、精准扶贫、林下经济开发、森林旅游、水利风景区和古水利工程旅游、美丽乡村建设的有机融合，推动城乡一体化发展。

三是因地制宜、特色发展。要结合资源禀赋、人文历史、交通区位和产业特色，在适宜区域，因地制宜、突出特色、适度发展，避免低水平重复建设。

四是政府引导、多方参与。强化政府在政策扶持、规范管理、公共服务、营造环境等方面的作用，发挥市场配置资源的决定性作用，引导和支持社会资本开发农民参与度高、受益面广的休闲旅游项目，鼓励妇女积极参与休闲农业发展。

五是保护环境、持续发展。遵循开发与保护并举、生产与生态并重的观念，统筹考虑资源和环境承载能力，加大生态环境保护力度，走生产发展、生活富裕、生态良好的文明发展道路。

（三）主要目标

到2020年，产业规模进一步扩大，接待人次达33亿人次，营业收入超过7 000亿元；布局优化、类型丰富、功能完善、特色明显的格局基本形成；社会效益明显提高，从事休闲农业的农民收入较快增长；发展质量明显提高，服务水平较大提升，可持续发展能力进一步增强，成为拓展农业、繁荣农村、富裕农民的新兴支柱产业。

三、主要任务

（一）加强规划引导

按照生产生活生态统一，一二三产业融合的总体要求，围绕农业生产过程、农民劳动生活和农村风情风貌，遵循乡村自身发展规律，因地制宜科学编制发展规划，调整产业结构，优化发展布局，补农村短板，扬农村长处，注意乡土味道，保留乡村风貌，留住田园乡愁，形成串点成线、连片成带、集群成圈的发展格局。要挖掘农业文明，注重参与体验，突出文化特色，加大资源整合力度，形成集农业生产、农耕体验、文化娱乐、教育展示、水族观赏、休闲垂钓、产品加工销售于一体的休闲农业点（村、园），打造生产标准化、经营集约化、服务规范化、功能多样化的休闲农业产业带和产业群。积极推进“多规合一”，注重休闲农业专项规划与当地经济社会发展规划、城乡规划、土地利用规划、异地扶贫搬迁规划等的有效衔接。依托休闲农业点（村、园）、乡村旅游区建设搬迁安置区，着力解决异地扶贫搬迁群众的就业脱贫问题。

（二）丰富产品业态

鼓励各地依托农村绿水青山、田园风光、乡土文化等资源，有规划地开发休闲农庄、乡村酒店、特色民宿、自驾车房车营地、户外运动等乡村休闲度假产品，大力发展休闲度假、旅游观光、养生养老、创意农业、农耕体验、乡村手工艺等，促进休闲农业的多样化、个性化发展。支持农民发展农（林、牧、渔）家乐，积极扶持农民发展休闲农业合作社，鼓励发展以休闲农业为核心的一二三产业融合发展聚集村；加强乡村生态环境和文化遗存保护，发展具有历史记忆、地域特点、民族风情的特色小镇，建设一村一品、一村一景、一村一韵的美丽村庄和宜游宜养的森林景区。引导和支持社会资本开发农民参与度高、受益面广的休闲旅游项目。鼓励各地探索农业主题公园、农业嘉年华、教育农园、摄影基地、特色小镇、渔人码头、运动垂钓示范基地等，提高产业融合的综合效益。

（三）改善基础设施

实施休闲农业和乡村旅游提升工程，扶持建设一批功能完备、特色突出、服务优良的休闲农业聚集村、休闲农业园、休闲农业合作社，着力改善开展休闲农业村庄的道路、供水设施、宽带、停车场、厕所、垃圾污水处理、游客综合服务中心、餐饮住宿的洗涤消毒设施、农事景观观光道路、休闲辅助设施、乡村民俗展览馆和演艺场所等基础服务设施，改善休闲农业基地的种养条件，实现特色农业加速发展、村容环境净化美化和休闲服务能力同步提升。鼓励因地制宜兴建特色餐饮、特色民宿、购物、娱乐等配套服务设施，满足消费者多样化的需求。

（四）推动产业扶贫

对资源禀赋有优势的贫困地区，要优先支持农民，特别是建档立卡贫困户发展休闲农业合作社、农家乐和小型采摘园等，重点实施建档立卡贫困村“一村一品”产业推进行动，带动贫困地区传统种养产业转型升级，促进贫困地区脱贫致富。要探索社会资本参与贫困地区发展休闲农业的利益分享机制，引导和支持社会资本开发农民参与度高、受益面广的项目，着力推动精准脱贫。要通过休闲农业，推动贫困地区优质农副土特产品的加工和销售。积极培树创办领办休闲农业致富带头人，注重培树巾帼创办领办休闲农业致富带头人。

（五）弘扬优秀农耕文化

做好农业文化遗产普查工作，准确掌握全国农业生产系统的发布状况和濒危程度。按照“在发掘中保护、在利用中传承”的思路，加大对农业文化遗产价值的发掘，加强对已认定的农业文化遗产的动态监督管理，加大挖掘、保护、传承和利用力度，推动遗产地经济社会可持续发展。要合理开发农业文化遗产，大力推进优秀农耕文化教育进校园，加强大中小学生的国情乡情教育，统筹利用现有资源建设农业教育、社会实践和研学旅游示范基地，实施中国传统工艺振兴计划，支持发展妇女手工艺特色产业项目。

（六）保护传统村落

不断加强传统村落、传统民居的保护力度，按照保持传统村落完整性、真实性、延续性要求，保护村落文化遗产，改善基础设施和公共服务设施。建立保护管理机制，做好中国传统村落保护项目实施和监督。注重农村文化资源挖掘，强化休闲农业经营场所的创意设计，推进农业与文化、科技、生态、旅游的融合，提升休闲农业的文化软实力。发展主客共享的美丽休闲乡村，加快乡土民俗文化的推广、保护和延续。

（七）培育知名品牌

在整合优化的基础上，重点打造点线面结合的休闲农业品牌体系。在面上，继续开展全国休闲农业示范县（市、区）创建，着力培育一批示范带动能力强的休闲农业集聚区。在点上，继续开展中国美丽休闲乡村推介活动，在全国打造一批天蓝、地绿、水净，安居、乐业、增收的美丽休闲乡村（镇）。在线上，重点开展休闲农业精品景点线路推介，吸引城乡居民到乡村休闲消费。鼓励各地因地制宜开展多种形式的品牌创建与推介活动，培育地方品牌。

四、保障措施

（一）强化政策落实创设

支持有条件的地方通过盘活农村闲置房屋、集体建设用地、开展城乡建设用地增减挂钩试点、“四荒地”、可用林场和水面、边远海岛等资产资源发展休闲农业。鼓励各地将休闲农业和乡村旅游项目建设用地纳入土地利用总体规划和年度计划合理安排。在符合相关规划的前提下，农村集体经济组织可以依法使用建设用地自办或以土地使用权入股、联营等方式与其他单位和个人共同举办住宿、餐饮、停车场等休闲旅游接待服务企业。鼓励各地将中央有关乡村建设资金适当向休闲农业集聚区倾斜。鼓励各地采取以奖代补、先建后补、财政贴息、设立产业投资基金等方式加大财政扶持力度。金融机构要创新担保机制和信贷模式，扩大对休闲农业和乡村旅游经营主体的信贷支持。鼓励社会资本依法合规利用PPP模式、众筹模式、“互联网＋”模式、发行债券等新型融资模式投资休闲农业。国家推动重要农业文化遗产的保护、传承和利用。各地要加大投资力度，组织实施休闲农业和乡村旅游提升工程，推动休闲农业和乡村旅游的提档升级。

（二）加大公共服务

依托职业院校、行业协会和产业基地，分类、分层开展休闲农业管理和服务人员培训，提高从业人员素质。加强科技支撑，依托科研教学单位建立一批设计研究中心、规划中心、创意中心，为产业发展提供智力支撑。鼓励社会资本参与休闲农业宣传推介平台建设，加快构建网络营销、网络预订和网上支付等公共服务平台，增强线上线下营销能力。强化行业运行监测分析，构建完善的休闲农业和乡村旅游监测统计制度。

（三）加强规范管理

加大休闲农业行业标准的制定和宣贯力度，逐步推进管理规范化和服务标准化。鼓励各地根据实际情况制定地方行业标准，推动本地休闲农业和乡村旅游规范有序发展。加大对认定的全国休闲农业和乡村旅游示范县示范点、中国美丽休闲乡村、全国休闲农业星级企业、特色景观旅游名镇名村示范等景点的动态管理，确保服务质量和水平。加强行业组织服务，加快形成自我管理、自我监督、自我服务的社会化服务体系。强化安全意识，提倡文明出行和诚信经营。

（四）强化宣传推介

按照"统筹谋划、系统部署、上下联动、均衡有序、重点推进"的思路，在重大节假日前和重要农事节庆节点，充分利用网络、电视、报纸、微信等，以图文并茂的形式，有组织、有计划地开展全国性的休闲农业精品景点宣传推介，吸引城乡居民到乡村休闲消费。鼓励各地通过传统媒体和互联网等新兴媒体宣传推介精品线路和精品景点，扩大休闲农业和乡村旅游产业的影响力。鼓励各地举办特色鲜明、影响力大、公益性强的农事节庆活动，努力营造发展的良好氛围。

五、组织领导

（一）加强组织实施

各地要从战略和全局的高度深化对发展休闲农业的认识，将休闲农业纳入当地国民经济和社会发展规划，出台具体的政策措施，支持休闲农业和乡村旅游发展。要充实工作力量，加强人才队伍建设，建立高效的管理体系。要认真履行规划指导、监督管理、协调服务的职责，组织拟定发展战略、政策、规划、计划并指导实施，切实提高推动休闲农业科学发展的能力。

（二）明确任务分工

各相关部门要结合实际情况，支持休闲农业的发展。农业部门负责牵头落实本地休闲农业发展工作，指导产业的整体发展，并做好宣传推广工作。发展改革部门负责统筹利用现有渠道资金完善休闲农业的基础设施建设工作，将休闲农业和乡村旅游作为农村一二三产业融合“百县千乡万村”试点示范工程的重要内容予以支持。工业和信息化部门负责指导休闲农业和乡村旅游电子商务平台搭建。财政部门负责落实财税支持政策，通过现有资金渠道对重要农业文化遗产保护项目予以支持。国土部门负责落实休闲农业和乡村旅游用地政策。住房和城乡建设部门负责指导村庄的规划建设、传统村落和民居保护等工作。水利部门负责指导相关供水设施建设管理、河湖管理保护和水利风景区建设发展。文化部门和文物部门负责指导乡村文化和文物的挖掘保护和传承利用工作。人民银行等金融管理部门负责指导金融机构落实金融政策。林业部门负责指导森林、湿地等自然资源的保护与开发利用。旅游部门负责指导乡村旅游发展工作，推动乡村旅游与休闲农业融合发展。扶贫部门负责协调使用扶贫等专项资金，支持建档立卡贫困户因地制宜发展带动建档立卡贫困户的休闲农业和乡村旅游。妇联负责指导妇女发展休闲农业和乡村旅游，充分发挥“半边天”作用。

（三）形成工作合力

各相关部门要结合职能，将休闲农业发展的有关工作纳入各自工作体系，并予以重点支持。鼓励各地成立由农业部门牵头，有关部门共同参与的工作协调机制，共同推进有关工作落实。各地要将休闲农业纳入当地国民经济和社会发展规划，列入当地经济发展统计指标体系，出台具体的政策措施，整合资金，集中力量，支持休闲农业重点区域的发展。同时，广泛吸引社会力量参与休闲农业的发展，鼓励企业、院校、协会和社会组织发挥积极作用。

2016 年 7 月 8 日

附录 6　关于积极开发农业多种功能大力促进休闲农业发展的通知

农加发〔2015〕5 号

为深入贯彻落实中央 1 号文件、《国务院办公厅关于加快转变农业发展方式的意见》（国办发〔2015〕59 号）、《国务院办公厅关于进一步促进旅游投资和消费的若干意见》（国办发〔2015〕62 号）等文件精神，进一步优化政策措施，开发农业多种功能，大力促进休闲农业发展，着力推进农村一二三产业融合，现就有关事项通知如下。

一、充分认识发展休闲农业的重要意义

休闲农业作为农村一二三产业发展的融合体，近年来发展迅猛，已成为一种新型产业形态和消费业态，在促进农业提质增效、带动农民就业增收、传承中华农耕文明、建设美丽乡村、推动城乡一体化发展方面发挥了重要作用。但因发展时间较短，也存在服务设施不足、经营主体融资不畅、基础设施建设滞后、人员素质亟待提升等问题，严重影响了产业的持续健康发展。

当前，我国经济发展进入新常态，农业和旅游发展进入新阶段。发展休闲农业，推进农村一二三产业融合发展，是在资源环境硬约束背景下加快转变农业发展方式、推进生态文明建设的战略要求；是在经济增速放缓背景下拓宽农民增收渠道、全面建设小康社会的战略选择；是在城镇化深入发展背景下打造农村经济“升级版”、培育国内消费新增长点、实现城乡经济社会一体化发展的战略举措；是在扶贫开发工作进入攻坚拔寨冲刺期背景下引入扶贫新兴业态、促进贫困地区贫困群众脱贫致富、确保 2020 年如期实现全面脱贫目标的战略措施。各地要充分认识休闲农业在助推农业强起来、农民富起来、农村美起来、建设美丽中国和

美丽乡村中的重大作用，进一步提高思想认识，完善政策措施，加大工作力度，切实推动休闲农业的发展。

二、正确把握发展休闲农业的总体要求

要深入贯彻党中央、国务院的有关部署要求，紧紧围绕促进农业提质增效、农民就业增收、居民休闲消费的目标任务，以农耕文化为魂，以美丽田园为韵，以生态农业为基，以创新创造为径，以古朴村落为形，将休闲农业发展与现代农业、美丽乡村、生态文明、文化创意产业建设、农民创业创新融为一体，注重规范管理、内涵提升、公共服务、文化发掘和氛围营造，推动农村一二三产业的融合发展。

发展休闲农业要始终坚持以下原则：一是以农为本、促进增收。要以农业为基础，农村为载体，突出农民的主体地位，科学构建农民利益分享机制，增强农民自主发展意识，激发农民创业创新活力，促进农民持续稳定增收，不能以办农家乐名义乱占农地搞高档度假村。二是多方融合、相互促进。休闲农业发展要与农耕文化传承、美丽田园建设、创意农业发展、传统村落传统民居保护、精准扶贫、林下经济开发、森林旅游、乡村旅游、新农村建设和新型城镇化等有机融合、相互促进、协调发展，推动城乡一体化发展。三是因地制宜、突出特色。要结合资源禀赋、人文历史、交通区位和产业特色，在适宜区域，因地制宜、突出特色、适度发展。四是规范管理、强化服务。要加大教育培训、宣传推介力度，文明出行、诚信经营、确保安全，制定规范标准，引导行业自律，实现管理规范化和服务标准化。五是政府引导、多方参与。要发挥市场配置资源的决定性作用，更好发挥政府在宏观指导、规范管理等方面的作用，调动各方积极性。六是保护环境、持续发展。要按照生态文明建设的要求，遵循开发与保护并举、生产与生态并重的理念，统筹考虑资源和环境承载能力，加大生态环境保护力度，实现经济、生态、社会效益全面可持续发展。

到 2020 年，要实现产业规模进一步扩大，接待人次和营业收入不断提升；布局优化、类型丰富、功能完善、特色明显的格

局基本形成；社会效益明显提高，从事休闲农业的农民收入较快增长；发展质量明显提高，服务水平较大提升，可持续发展能力进一步增强，为城乡居民提供看得见山、望得见水、记得住乡愁的高品质休闲旅游体验。

三、进一步明确发展休闲农业的主要任务

（一）围绕优化布局，着力在丰富类型和融合集聚上实现重大提升

重点在大中城市周边、名胜景区周边、特色景观旅游名镇名村周边、依山傍水逐草自然生态区、少数民族地区和传统特色农区发展休闲农业，充分发挥各地区森林旅游、文化旅游、红色旅游等优势，促进休闲农业的多样化、个性化发展。支持农民发展农（林、牧、渔）家乐，鼓励发展以休闲农业为核心的一二三产业聚集村；鼓励在适宜区域发展以拓展农业功能、传承农耕文化为核心，兼顾度假体验的休闲农庄；鼓励建设具有科普、教育、示范以及传统农耕文化展示功能的休闲农园；支持各地建设美丽田园，提高农业综合效益。

（二）围绕丰富内涵，着力在文化传承和创意设计上实现重大提升

注重农村文化资源挖掘，强化休闲农业经营场所的创意设计，推进农业与文化、科技、生态、旅游的融合，提高农产品附加值，提升休闲农业的文化软实力和持续竞争力。按照“在发掘中保护、在利用中传承”的思路，加大对农业文化遗产价值的发掘，推动遗产地经济社会可持续发展。加强农村文化遗迹和传统村落、传统民居的保护，发展具有文化内涵的休闲乡村，加快乡土民俗文化的推广、保护和延续。

（三）围绕增收脱贫，着力在产业升级和利益共享上实现重大提升

发挥休闲农业在调结构、惠民生的集聚功能和平台作用，以

农业发展、农民增收为出发点和落脚点，发展一批农家乐、小超市、小型采摘园等特色旅游到村到户项目，带动传统种养产业转型升级，促进农村经济发展和农民持续稳定增收。支持社会资本积极参与休闲农业发展，引导建立农民参与和利益共享机制，鼓励农民以承包土地入股等形式与企业进行合作，不断提高农民的资产性收益。探索农民自组织、自激励、自就业的创业模式，使休闲农业成为大众创业和农村剩余劳动力就地就业的重要渠道。

（四）围绕提档升级，着力在人员素质和设施改善上实现重大提升

加大休闲农业从业人员的培训，将休闲农业讲解员、导览员纳入职业技能培训体系，逐步推动持证上岗制度。建立人才引进机制，充实一批规划设计、创意策划和市场营销人才，提高休闲农业设计水平。加快休闲农业经营场所的公共基础设施建设，积极兴建垃圾污水无害化处理等设施，改善休闲农业基地的种养条件。加强传统民居保护修缮，鼓励发展特色民宿，鼓励因地制宜兴建特色餐饮、住宿、购物、娱乐等配套服务设施，满足消费者多样化的需求。

（五）围绕有序发展，着力在规范管理和生态保护上实现重大提升

加大休闲农业行业标准的制定和宣贯力度，指导各地分层次制定相关标准，逐步推进管理规范化和服务标准化，促进休闲农业规范有序发展；引导各休闲农业经营主体树立开发与保护并举的理念，在统筹考虑资源和环境承载能力的情况下，加大生态环境保护力度，走资源节约型和环境友好型的发展道路，实现经济效益、生态效益、社会效益协调发展。

（六）围绕品牌培育，着力在典型示范和氛围营造上实现重大提升

鼓励休闲农业经营主体通过要素流动、资本重组和品牌整合，培育一批叫得响、传得开、留得住的知名品牌。继续开展中

国最美休闲乡村推介、中国美丽田园推介、全国休闲农业星级评定、特色景观旅游名镇名村示范等品牌培育工程，打造一批有影响的休闲农业知名品牌。鼓励各地开展休闲农业特色村、星级户、精品线路等创建与推介活动，培育各具特色的地方品牌。

四、完善落实促进休闲农业发展的政策措施

（一）明确用地政策

在实行最严格的耕地保护制度的前提下，对农民就业增收带动作用大、发展前景好的休闲农业项目用地，各地要将其列入土地利用总体规划和年度计划优先安排。支持农民发展农家乐，闲置宅基地整理结余的建设用地可用于休闲农业。鼓励利用村内的集体建设用地发展休闲农业，支持有条件的农村开展城乡建设用地增减挂钩试点，发展休闲农业。鼓励利用“四荒地”（荒山、荒沟、荒丘、荒滩）发展休闲农业，对中西部少数民族地区和集中连片特困地区利用“四荒地”发展休闲农业，其建设用地指标给予倾斜。加快制定乡村居民利用自有住宅或者其他条件依法从事旅游经营的管理办法。

（二）加大财税支持

各地要认真推动现有扶持政策的落实。要将中央有关乡村建设资金适当向休闲农业集聚区倾斜。鼓励各地加大对休闲农业创业发展和基础设施建设的支持力度，带动大众创业、万众创新，扶持本地休闲农业做大做强。加强休闲农业经营场所的游客综合服务中心、公共卫生间、停车场、垃圾污水处理、餐饮住宿的洗涤消毒设施、农事景观观光道路、休闲辅助设施、特色民宿、乡村民俗展览馆和演艺场所、信息网络等基础设施建设，扶持一批休闲农业聚集村。撬动社会资本，推动休闲农业产业的提档升级。落实税收优惠政策，从事休闲农业的经营主体符合税收优惠条件的，可享受有关税收优惠。要切实落实国务院关于减轻企业负担的各项规定。有条件的地方，休闲农业用水用电享受农业收费标准。

（三）拓宽融资渠道

鼓励担保机构加大对休闲农业的服务力度，搭建银企对接平台，帮助经营主体解决融资难题。银行业金融机构要积极采取多种信贷模式和服务方式，拓宽抵押担保物范围，在符合条件的地区稳妥开展承包土地的经营权、集体林权等农村产权抵押贷款业务，加大对休闲农业的信贷支持。探索休闲农业多元化投融资机制，鼓励符合条件的休闲农业企业上市。探索新型融资模式，鼓励利用PPP模式、众筹模式、互联网＋模式、发行私募债券等方式，加大对休闲农业的金融支持。通过协调利用扶贫小额贴息贷款、加强有针对性的培训等，引导建档立卡贫困户积极参与项目开发；探索以旅游资源、扶贫资金等入股方式，使贫困群众在项目发展中获得资产性收益。

（四）加大公共服务

增强线上线下营销能力，鼓励社会资本参与休闲农业宣传推介平台建设，加快构建网络营销、网络预订和网上支付等公共服务平台，全面提升行业的信息化水平。强化行业运行监测分析，构建完善的休闲农业监测统计制度。支持建设休闲农业聚集区域的公共交通体系，加强生态停车场、道路、观光巴士等公共服务设施配套。对休闲农业管理人员、经营人员、从业人员组织多种形式的培训，提升人才素质，为产业发展提供人才储备。制定并发布全国休闲农业统一标识，并推广使用。鼓励各地根据实际情况制定地方行业标准，推动本地休闲农业规范有序发展。鼓励各地利用多种模式开展公益性宣传推介，扩大休闲农业的影响力。

五、切实加强对休闲农业工作的组织领导

（一）摆上重要位置

各地要从战略和全局的高度深化对发展休闲农业的认识，将

休闲农业纳入当地国民经济和社会发展规划，出台具体的政策措施，支持休闲农业发展。要充实工作力量，加强干部人才队伍建设，理顺职责关系，建立高效的管理体系。要认真履行规划指导、监督管理、协调服务的职责，组织拟定发展战略、政策、规划、计划并指导实施，切实提高推动休闲农业科学发展的能力。

（二）明确任务分工

各相关部门要结合实际情况，支持休闲农业的发展。农业部门负责牵头落实本地休闲农业发展工作，加强与旅游等部门的协调配合，指导产业的整体发展，并做好宣传推广工作。发展改革部门负责统筹安排现有渠道资金对休闲农业给予支持。财政和税务部门负责在现有政策范围内落实财税支持政策。国土部门负责落实休闲农业用地政策。住房和城乡建设部门负责指导村庄的规划设计建设、农村危房改造、特色景观旅游名镇名村、传统村落和民居保护等。水利部门负责河湖自然生态资源保护工作，并指导水利风景区建设发展。文化部门和文物部门负责指导乡村文化和文物的挖掘保护和传承利用工作。林业部门负责指导森林、湿地等自然资源的保护与开发利用。扶贫部门要按照精准扶贫的要求，加大整村推进工作力度，支持有条件的建档立卡贫困村积极发展休闲农业。人民银行等金融部门负责金融政策落实工作。

（三）推进典型示范

各地要结合当地实际，组织开展休闲农业示范创建工作，探索发展模式，树立发展典型，充分发挥示范引领作用。重点围绕休闲农业发展的新模式，农民与工商资本在发展休闲农业过程中探索的利益联结新机制，一二三产业融合发展的新业态，农耕文明传承的新方式等，加大经验总结，形成可复制、可借鉴、可推广的典型，以喜闻乐见的形式加强宣传推介，充分调动各方参与休闲农业发展的积极性，营造休闲农业发展的良好环境。

2015 年 8 月 18 日

主要参考文献

常洁，李晓，何鹏，等，2018. 台湾休闲农业的政策举措及对四川省的启示［J］. 湖北农业科学（03）：116－119，121.

范水生，朱朝枝，2011. 休闲农业的概念与内涵原探［J］. 东南学术（2）：72－78.

刘恋，2017. 供需视角下的乡村旅游政策研究［D］. 成都：四川省社会科学院.

罗永根，2016. 福建休闲农业经营主体政策偏好及影响因素研究［D］. 福州：福建农林大学.

农业部新闻办公室. 农业部积极推进休闲农业和乡村旅游发展［EB/OL］.［2017－07－28］. http：//moa. gov. cn/zwllm/zwdt/201707/t20170728_5763910. htm.

农业部新闻办公室. 释放农村经济新动能——休闲农业和乡村旅游发展综述［EB/OL］.［2017－04－06］. http：//moa. gov. cn/zwllm/zwdt/201704/t20170406_5551097. htm.

孙哲，冯桂真，马俊哲，等，2017. 休闲农业百问百答［M］. 北京：中国农业出版社.

王月，2016. 韩国乡村旅游的政策分析［D］. 济南：山东大学.

赵航，2012. 休闲农业发展的理论与实践［D］. 福州：福建师范大学.